Louisa Maria Schmidt
Das Weinbuch ohne Blabla

© Nadine Saupper

Louisa Maria Schmidt schreibt auf ihrem Blog über Wein und erklärt in Kurzvideos auf Instagram, auf was es bei Wein wirklich ankommt. In der Gastronomie groß geworden, studierte sie Internationale Weinwirtschaft an der Hochschule Geisenheim. Heute arbeitet sie als Wine Consultant und Content Creatorin für PR-Agenturen, Online- und Printmagazine sowie Weingüter.

LOUISA MARIA SCHMIDT

DAS WEIN BUCH

ohne Blabla

dtv

MIX
Papier | Fördert
gute Waldnutzung
FSC® C083411

5. Auflage 2024

Umschlaggestaltung: www.buerosued.de
Satz: Nadine Clemens, München
Gesetzt aus der Minion Pro und Futura PT
Druck und Bindung: CPI books GmbH, Leck
Printed in Germany · ISBN 978-3-423-28376-2

Für Papa.
Was würde ich dafür geben,
mit dir noch mal ein Glas Wein
trinken zu dürfen.

INHALT

PROLOG

Als ich anfing, dieses Buch zu schreiben, wusste ich ganz oft nicht, wie weit ich ins Detail gehen soll. Welche Informationen ich drin haben muss, welche ich drin haben will und auf welche ich besser verzichte. Ob ich dich, die Leserin oder den Leser, bereits langweile oder aber gänzlich überfordere. Ehrlich gesagt, hatte ich auch nie vor, ein Buch über Wein zu schreiben. Es gibt bereits etliche Werke von weltberühmten Weinjournalist:innen, die im Grunde genommen alles zum Thema gesagt haben. Wozu sollte ich dann bitte noch ein Buch schreiben? Nur um mir ein Denkmal zu setzen? Nein, danke. Auch hatte ich vor der Aufgabe an sich einen Heidenrespekt. Man schreibt ja nicht jeden Tag einfach mal so ein Buch. Noch dazu bin ich eine völlig beratungsresistente Perfektionistin und möchte es am liebsten allen recht machen. Eine negative Kritik hat bei mir mehr Gewicht als neunundneunzig positive Feedbacks. Ich weiß, völlig plemplem.

Beim Schreiben habe ich dann jedoch festgestellt, dass es niemals das perfekte Buch über Wein geben wird. Denn jede:r hat eine andere Sicht auf die Dinge, setzt andere Schwerpunkte und hat einen völlig anderen Wissensstand. Was die eine als wichtig erachtet, ist für den anderen nicht von Bedeutung. Und dann auch noch Wein als Thema – emotional geladener geht's ja wohl kaum. Schubladendenken und Rechthaberei, gepaart mit jeder Menge unreflektierter Aussagen. Also, was tun?

Ganz einfach: Ich habe ein Weinbuch für mein früheres Ich geschrieben. Ja, mir ist klar, wie das klingt. Als hätte ich nicht mehr alle Latten am Zaun und irgendwie auch dezent selbstverliebt. Meine Community aber, und im besten Fall auch du, steht vor den gleichen Herausforderungen und Fragen wie ich zu Beginn meiner Weinreise. Und glaub mir, Fragen hatte ich etliche. Während Weinproben, Gesprächen mit Winzer:innen, im Restaurant und auf Weinreisen war permanent ein großes Fragezeichen auf meine Stirn getackert. Damals hätte ich mir als Ergänzung zu den ganzen Weinwälzern, die bei mir zu Hause rumlagen, ein kleines, kompaktes Buch gewünscht, auf das man sich dennoch fachlich verlassen kann. Eines, in dem es kleine Spickzettel mit Produzent:innen gibt, von denen ich mal etwas gehört haben sollte, und jede Menge konkrete Probiertipps. Ein Weinbuch, das mir die wichtigsten Fragen aus der Praxis verständlich beantwortet und bei dem ich, wenn ich denn will, tiefer in Details eintauchen kann, aber nicht muss. Ein Weinbuch, in dem man unterwegs auch mal schnell was nachschlagen kann, um mitreden zu können. Ein Weinbuch eben, das man immer dabeihaben möchte.

Ein Weinbuch ohne Blabla

GEBRAUCHSANWEISUNG

1. Meiner Meinung nach hat nicht alles, aber vieles seine Daseinsberechtigung. Deshalb zeige ich in diesem Buch weder mit dem Finger auf bestimmte weinbauliche oder kellertechnische Praktiken noch auf anderer Leute Wein. Ich würde also behaupten, dass du –mit Ausnahme einiger weniger Passagen – ein »diplomatisches« Weinbuch in den Händen hältst.

2. In diesem Buch habe ich ganz bewusst auf Grafiken verzichtet. Kritzle dir als Gedankenstütze einfach selbst Zeichnungen neben den Text, kleb dir Notizen rein, nimm dir einen Marker zur Hand und entscheide selbst, was für dich wichtig ist. Dann bleibt auch mehr hängen. Zumindest geht es mir immer so. Mach dieses Buch zu DEINEM Weinbuch.

3. Ich behandle nur Themen, zu denen ich auch etwas zu sagen habe. Über die ich bereits früher gerne mehr gewusst hätte, für die ich heute brenne oder bei denen ich der Meinung bin, dass sie ganz einfach wichtig sind.

4. Bei den von mir ausgesprochenen Probiertipps handelt es sich um empfehlenswerte Produzent:innen. Die Aufzählung entspricht dabei keiner Wertung. Wenn bei der

Rebsorte Blaufränkisch z. B. der Name Wachter-Wiesler steht, dann finde ich fast alles geil, was das Weingut mit der Rebsorte anstellt. Du kannst also immer lässig im Sortiment des jeweiligen Weinguts ganz unten einsteigen und dich Wein für Wein an die Spitze arbeiten. Bei einigen Probiertipps handelt es sich bei den genannten Produzent:innen um solche, von denen du definitiv mal etwas gehört haben solltest, deren Weine allerdings nicht ganz preiswert sind. Ob du dir diese Weine leisten möchtest, bleibt dir überlassen. In manchen Kapiteln nenne ich dir auch einige konkrete Probiertipps der jeweiligen Weingüter.

5. Zudem habe ich versucht, dir für fast jedes Weinanbauland Jahrgangsempfehlungen aufzuschreiben. Sie beziehen sich bis auf einige Ausnahmen immer auf das ganze Land und nicht auf die einzelnen Regionen und sollen dir bei der Weinauswahl im Restaurant oder beim Weineinkauf als Unterstützung dienen. Dabei handelt es sich nicht um von irgendwelchen Kritiker:innen hochgelobte Jahrgänge, deren präferierte Stilistik ich ohnehin nicht leiden kann. Es sind alles Jahrgänge, die ich persönlich gerne im Glas habe – knackig und frisch! Blockbuster-Weine, die fett und konzentriert ins Glas laufen, sind einfach nicht mein Vibe!

6. Einer der häufigsten Kommentare meiner Lektorin Melli in meinem Word-Dokument war die Frage, welche Reihenfolge meinen Aufzählungen von Weinanbauländern,

Weinanbaugebieten, den Rebsorten, Weinarten, Glossaren und Probiertipps zugrunde liegt. Ob ich nach Häufigkeit, Wichtigkeit, persönlichen Präferenzen oder was auch immer vorgegangen bin. Nein, ich habe einfach getippt. Die Abfolge meiner Reihenfolgen sind absolut wertfrei. Habe mir dann aber die Mühe gemacht und dir zumindest das Glossar alphabetisch geordnet. Gern geschehen.

LOUS (WEIN-)MERKSÄTZE*

Immer locker durch die Hose atmen, es ist nur Wein!

◆

Du kannst nicht alles über Wein wissen –
und das ist okay.

◆

Leute, die dich für deinen Wissensstand auslachen, sind nicht cool und haben in der Weinbranche nichts verloren! Gleiches gilt für dich: Sei kein Arschloch!

◆

Wenn dir ein Wein schmeckt, frag dich, warum.

◆

Wenn dir ein Wein nicht schmeckt, frag dich, warum.

◆

Hör immer auf dein Bauchgefühl!

◆

Der erste Eindruck ist oft der richtige.

◆

Halt dich nicht künstlich dumm, indem du vorgibst, einen Wein zu kennen, den du gar nicht kennst.

◆

Erlaubt ist, was schmeckt.

* 3 x vor dem Spiegel aufsagen, sobald du in Panik verfällst!

WAS IST WEIN?

Laut dem Sprachgebrauch der europäischen Gesetzeshüter ist Wein erst einmal nichts anderes als ein alkoholisches Getränk aus Weintrauben. Klingt zugegebenermaßen nicht sonderlich berauschend, sondern ziemlich ernüchternd. Wenn du mich fragst, ist Wein nicht einfach nur ein Getränk. Wein ist das faszinierendste Gesöff der Welt. Kein anderes alkoholisches Getränk kann meiner Meinung nach ein so beeindruckender Vermittler von Herkunft, Handwerk und Tradition sein wie Wein. So kitschig es vielleicht klingen mag: Für mich erzählt Wein Geschichten, bringt Menschen an einen Tisch und schafft Momente. Wein macht nicht einfach nur schwindelig im Kopp. Wein bedeutet Reisen, Kultur und Genuss – Wein verbindet! Aber genug mit dem Geplänkel. Es gibt nicht nur Wein. Es gibt Weißwein, Rotwein, Roséwein, Schaumwein, Süßwein, aufgespriteten Wein wie z. B. Sherry, Madeira & Co. und ja, auch Orange Wine und Naturwein. Wäre ansonsten ja auch alles viel zu einfach. Bevor ich dich aber an die Hand nehme und wir uns gemeinsam so richtig tief in die Materie knien, lass uns erst einmal das Fundament legen. Wie wird Wein eigentlich gemacht?

DIE ARBEIT IM WEINBERG

Bevor die Träubchen ins Trockene geholt werden und wir Wein machen können, steht erst einmal jede Menge Arbeit im Weinberg an. Das Weinjahr beginnt mit dem Rebschnitt. Dieser erfolgt normalerweise nach dem ersten Frost und ist für die Ertrags- und Qualitätsleistung sowie für die Formerhaltung des Weinstocks sehr wichtig. Im Frühjahr beginnt der Austrieb, es folgen die Gescheine aus denen sich später die Rebblüten und die Trauben bilden. Mit der Blüte fangen auch die Triebe und das Laub an zu wachsen.

Alle Laubarbeiten, die anschließend anfallen, wie z. B. Ausbrechen, Heften, Entblättern oder das Kürzen der obersten Triebe, werden zum Wohle der Trauben durchgeführt. Die Oberfläche der jungen Blätter ist nämlich das Futter für die Rebe. Denn durch das Sonnenlicht, das auf die Blätter trifft, werden im Zuge der Photosynthese Assimilate (Zucker + Stärke) gebildet, die die Rebe für das Traubenwachstum mit Energie versorgen. Auch der Ertrag kann zu dieser Zeit (ca. 2–4 Wochen nach der Blüte) z. B. durch das Halbieren oder Herausschneiden ganzer Trauben gesteuert werden. Neben diesen Maßnahmen müssen sich die Winzer:innen auch um den Pflanzenschutz und das Entfernen von Unkraut kümmern. Sie müssen die Böden bearbeiten und vital halten. Mit Beginn der Färbung und Reifung der Beeren (aka Véraison) beginnt für viele Betriebe nochmals eine intensivere Phase des Pflanzenschutzes. Danach wird es im Weinberg allmählich ruhiger und alle bereiten sich auf die Terminierung und Durchführung der Weinlese vor.

GUT ZU WISSEN: Der Spätfrost nach dem Austrieb der Rebblüte ist von allen Winzer:innen besonders stark gefürchtet. Denn wenn die Blüte infolge von Frost, Hagel oder ganz einfach Starkregen »verrieselt« (das heißt, wenn viele Blüten oder bereits kleine Beeren von den Stielen abgetrennt werden) oder sie vollständig zerstört wird, heißt das wenig bis kein Ertrag.

WEINLESE

Der Zeitpunkt der Weinlese, also der Ernte der Trauben, hängt maßgeblich von der physiologischen Reife der Beeren, dem Mostgewicht und der angestrebten Stilistik der Winzer:innen ab. Dabei kann die Weinlese entweder händisch (aka Handlese) oder mit der Maschine (aka Maschinenlese) durchgeführt werden. Sobald die Träubchen geerntet worden sind, beginnt die Weiterverarbeitung. Da das Stielgerüst der Trauben (aka Rappen) sehr viel Gerbstoff enthält und nicht in den Saft der Trauben bzw. den Wein übergehen soll, werden die Beeren häufig davon entfernt. Wird das Stielgerüst nicht entfernt und die Trauben werden im Ganzen gepresst, spricht man von der sogenannten Ganztraubenpressung.

QUETSCHEN, MAISCHESTANDZEIT & KELTERN

Die Trauben – mit oder ohne Rappen – werden nachfolgend behutsam mithilfe einer Traubenmühle angequetscht oder mit den Füßen in einem dafür vorgesehenen Behältnis »gestampft«, sodass der Saft aus der Beere tritt. Je länger jetzt der Kontakt zwischen dem Saft, den Beerenschalen, den Beerenkernen sowie gegebenenfalls den Rappen ist, desto höher ist auch die potenzielle Extraktion von Farbstoff, Gerbstoff und weiteren geschmacksgebenden Stoffen später im Saft. Das ist in etwa vergleichbar mit der Zubereitung einer Kanne Tee: Je länger du den Beutel in der Kanne hängen lässt, desto farb- und geschmacksintensiver, aber vielleicht auch bitterer schmeckt er schlussendlich. Dieses Prozedere wird als Maischestandzeit bezeichnet, und der ganze Haufen aus Saft, Beerenschalen, Kernen, Fruchtfleisch und je nachdem auch Stielgerüsten heißt Maische. Egal ob der Winzer oder die Winzerin sich für oder gegen eine Maischestandzeit entschieden hat – irgendwann muss der ganze Bums mit der Kelter (aka Presse) abgepresst werden.

GÄRUNG

Um eine stürmische Gärung zu vermeiden, wird der unvergorene Most vor der Gärung verschiedenen Behandlungen wie z. B. einer Mostvorklärung unterzogen. Dabei werden die Trubstoffe, bestehend aus Fruchtfleisch, Kernen, Beerenschalen und Stielen, aus dem Most entfernt. Erst danach geht es für ihn ab in einen Gärbehälter. Ein Gärbehälter kann z. B. ein Edelstahltank, ein Holzfass, eine Amphore oder – ganz fancy – ein Beton-Ei sein. Welcher Gärbehälter zum Einsatz kommt, entscheiden die Winzer:innen.

Der unvergorene Most fängt jetzt entweder durch wilde Hefen spontan an zu gären, oder es werden ihm für eine kontrollierte Gärführung Rein- und/oder Aromazuchthefen zugefügt. Die Hefen fangen dann an, den Zucker im Saft aufzufressen. Infolgedessen entstehen Alkohol und CO_2. Hat die Hefe den ganzen Zucker aufgefressen, haben wir einen durchgegorenen, also trockenen Wein. Will der Winzer oder die Winzerin hingegen einen halbtrockenen oder lieblichen Wein erzeugen, muss die Gärung gestoppt werden, bevor die Hefen den ganzen Zucker aufgefressen haben. Das passiert z.B. mittels Kühlung, Filtration und Schwefelung.

Nach der Gärung entscheiden die Winzer:innen, wie es mit dem Wein weitergehen soll. Ein Weißwein muss nicht zwangsläufig lagern, sondern kann bereits kurz nach der Gärung abgefüllt werden. Andere Winzer:innen möchten, dass ihr Weißwein noch einige Zeit auf der Voll- oder Feinhefe lagert (aka Hefesatzlagerung, sur lie), was zu einem frischen und oft leicht hefigen Ton führen und der Textur des Weins mehr Fülle, Komplexität und Cremigkeit verleihen kann. Je nach angestrebter Stilistik wird der Wein auch von vielen Winzer:innen zur Aromatisierung, Harmonisierung und/oder Komplexitätsgewinnung in ein Holzfass gelegt.

FILTRATION

Um Trubstoffe (aka Schwebstoffe) aus dem Weißwein zu entfernen, kann der Wein vor der Abfüllung filtriert oder mehrmals abgestochen (siehe »Abstich«) werden. Es gibt aber auch unfiltrierte und demnach trübe Weine. In dem Fall handelt es sich weder um einen Weinfehler noch um einen Qualitätsmangel. Bevor der Wein auf die Flasche kommt, muss entschieden werden, ob er reinsortig abgefüllt oder noch mit Weinen einer anderen Rebsorte, eines anderen Jahrgangs und/oder einer anderen Weinbergslage »verschnitten« (aka gemischt) werden soll.

ABFÜLLUNG

Schließlich wird der Wein abgefüllt, die Flasche mit einem beliebigen Verschluss, z. B. aus Naturkorken oder mit einem Schraubverschluss, verschlossen und mit einem Weinetikett versehen. Damit der Wein nicht vollkommen durchgeschüttelt in den Verkauf kommt, wird der Wein oft zur »Beruhigung« nochmals für kurze Zeit (ca. 1–4 Monate) gelagert. Vielleicht hast du schon einmal an einer Weinprobe mit Winzer:innen teilgenommen und folgenden Satz gehört: »Der Wein ist gerade erst gefüllt worden!« Weine, die vor der Abfüllung geschwefelt werden und zu schnell auf den Markt kommen, können sich in ihrer Aromatik nämlich gänzlich verschlossen präsentieren. Solche Weine werden auch als füllkrank bezeichnet. Dieser Zustand hält im Normalfall aber nicht lange an und legt sich nach einigen Wochen.

WIE WIRD ROTWEIN HERGESTELLT?

Der wesentliche Unterschied bei der Herstellung von Weißwein und Rotwein ist die Maischegärung. Dabei gärt der Saft ca. 2–3 Wochen zusammen mit den Beerenschalen und dem Fruchtfleisch, den Kernen und gegebenenfalls den Rappen bei einer Temperatur von ca. 20–26 °C in einem Gärbottich. Die Maischegärung sorgt dafür, dass der Farbstoff aus den blauen Beerenschalen ausgelaugt wird und in den Saft übergeht. Bei der Herstellung von Rotwein wird im Unterschied zur Weißweinherstellung die Maische also erst nach der Gärung abgepresst.

GUT ZU WISSEN: Das Fruchtfleisch jeder Rebsorte ist bis auf wenige Ausnahmen immer weiß bzw. grün-gräulich. Die Farbe, egal ob weiße oder rote Rebsorte, sitzt dabei immer in den Beerenschalen. Das erklärt, warum man aus blauen Trauben auch Weißwein, den sogenannten Blanc de Noirs (frz. »Weißer aus schwarzen«), herstellen kann.

Lous

PROBIERTIPPS FÜR ROTWEIN-ANFÄNGER:INNEN: Weingut Wachter-Wiesler, z. B. Béla-Jóska; Weingut Helmut Christ, z. B. Blaufränkisch; Weingut Rings, z. B. Portugieser Sand & Kiesel; Weingut A. Christmann, z. B. Spätburgunder Aus den Lagen; Domaine A. Chopin et Fils, z. B. Bourgogne Rouge; Weingut Sermann, z. B. Marienthaler Frühburgunder; Weingut Prieler, z. B. Sankt Laurent; Weingut Rosi Schuster, z. B. Aus den Dörfern Rot; Descendientes de J. Palacios, z. B. Pétalos del

Bierzo D.O.; Alegre Valganon, z. B. Garnacha Tinto; Palacios Remondo, z. B. Propiedad; Vinas Mora, z. B. Kaamen II; Roberto Voerzio, z. B. Dolcetto d'Alba; Vietti, z. B. Tre Vigne Dolcetto d'Alba; Bruno Giacosa, z. B. Dolcetto d'Alba Falletto di Serralunga; Giuseppe Mascarello, z. B. Dolcetto d'Alba Bricco Mirasole; Weingut Schnaitmann, z. B. Trollinger Alte Reben; Weingut Pfannenstielhof, z. B. St. Magdalener Classico; Weingut Alois Lageder, z. B. Vernatsch Römigberg; Yvon Métras, z. B. Beaujolais; Domaine Julien Sunier, z. B. Fleurie; Filipa Pato & William Wouters, z. B. Bairrada; Niepoort, z. B. Bairrada Quinta de Baixo Poeirinho Baga; Vito Lauria, z. B. Nero d'Avola; Chiara Condello, z. B. Romagna Sangiovese Predappio; Domaine Ballorin & F, z. B. Les Chenevières

… UND ROSÉWEIN?

Rosé ist en vogue! Das pinkige Etwas ist schon längst nicht mehr nur Trendgetränk für die warmen Monate, sondern wird das ganze Jahr über gesüffelt. Wen wundert's? Die Weinart hat in den vergangenen Jahren einen ganz schön großen Qualitätssprung aufs Parkett gelegt und entwickelt sich kontinuierlich weiter. Vorbei sind die Zeiten von »nettes Weinchen«, »verzweifelt auf trinkbar gemacht« und »rosa Bonbonwasser«. Es gibt Winzer:innen, die Rosé mit so viel Ernsthaftigkeit in die Flasche bringen, dass man anfängt, an allem zu zweifeln, was vorher als Rosé betitelt wurde. Doch wie wird Roséwein gemacht?

Das Prinzip der Herstellung ist fast immer gleich. Roséwein wird aus blauen Trauben gewonnen, also aus Rotweinsorten. Wir wissen ja jetzt, dass der Saft einer Beere – unabhängig davon, ob blaue oder weiße Traube – in der Regel immer weiß ist. Die Farbpigmente, die dem Rosé oder Rotwein die Farbe verleihen, sitzen mit vielen anderen geschmacksgebenden Stoffen in den Beerenschalen. Je länger der Kontakt zwischen Beerenschale und Saft ist, desto intensiver der Geschmack und desto abgefahrener die Farbe. Doch nicht nur die Dauer des Kontakts, sondern auch die Rebsorte selbst ist maßgeblich entscheidend für den Geschmack und die Farbtiefe eines Roséweins. Es gibt Rebsorten, die von Natur aus eine sehr dünne Beerenschale und wenig Farbstoff besitzen, und es gibt dickschalige und farbintensive Rebsorten, die einem bereits die komplette Hand verfärben, wenn man die Beere zwischen Daumen und Zeigefinger zerquetscht. Spätburgunder, Trollinger & Co. sind verantwortlich für ein zartes Rosa. Cabernet Sauvignon oder Zinfandel sorgen für das quietschpinke Vergnügen, und wiederum andere Rebsorten wie Garnacha oder Tempranillo können so farbtiefe Roséweine ins Glas bringen, dass sie einen im ersten Augenblick eher an leichte Rotweine denn an einen Roséwein erinnern. Summa summarum werden vier Methoden zur Herstellung eines Roséweins unterschieden:

MISCHUNG VON ROT- UND WEISSWEIN

Was in der EU bis auf wenige Ausnahmen verboten ist, ist in einigen Ländern in Übersee gängige Praxis, um möglichst preisgünstige Roséweine herzustellen.

DIREKTPRESSUNG

Die Trauben werden sofort, aber langsam und schonend gepresst. Der Kontakt zwischen Beerenschale und Saft ist nur von kurzer Dauer – der Most läuft »direkt« ab. Das Ergebnis, je nach Rebsorte, sind sehr helle, fast weiße Weine mit oft roséfarbenen Reflexen. Ein Paradebeispiel für die Direktpressung ist der Blanc de Noirs. Wobei man an dieser Stelle erwähnen muss, dass ein Blanc de Noirs im Volksmund zwar fast immer in die Kategorie Roséwein geschmissen wird, es sich offiziell aber um einen Weißwein aus blauen Trauben handelt, der seit Änderung des Weingesetzes 2021 auch die für Weißwein typische Farbe aufweisen muss.

KURZE MAISCHESTANDZEIT

Dieses Verfahren ist eine Anlehnung an die Rotweinherstellung. Die Beeren kommen in die Traubenmühle und werden angequetscht. Danach landet der ganze Bums für ca. 6–24 Stunden in einer Bütte. Je länger der Kontakt zwischen Saft und Beerenschalen, desto intensiver die Farbe, der Geschmack, die Tanninstruktur …! Sobald das gewünschte Ergebnis erzielt ist, wird der Saft von der Maische abgezogen und landet zur Fermentation in einem Gärbehälter. Ein klassisches Verfahren für alle gängigen Roséweine.

SAIGNÉE-VERFAHREN

Beim Saignée-Verfahren, auch Salasso-Verfahren oder Saftabzug genannt, passiert im Prinzip genau dasselbe wie bei der kurzen Maischestandzeit. Mit dem einzigen Unterschied, dass hier i. d. R. zwei Weinarten gewonnen werden: Roséwein und Rotwein. Der Rotweinmaische werden ca. 10–20 % Saft entzogen. Diese – sagen wir mal – 20 % werden zu Roséwein weiterverarbeitet. Aus dem anderen Teil wird Rotwein gemacht. Das Ergebnis sind farbintensivere Rotweine, da ja nur ca. 80 % Saft auf 100 % Maische treffen. Die potenzielle Extraktion von Farbstoff und Geschmack ist demnach höher als ohne Saftabzug. Der daraus entstandene Rosé ist sozusagen nur Mittel zum Zweck.

Lous

PROBIERTIPPS: Bertram Baltes, z. B. Blanc de Noirs Handwerk (oh, mein Gott – sie packt einfach Blanc de Noirs in die »Roséwein-Probiertipps« – hat sie nicht gemacht?!); Weingut Weninger, z. B. Rózsa Petsovits; Weingut Jurtschisch, z. B. Rosé Belle Naturelle; Weingut Katharina Wechsler, z. B. Rosé Pouch Wildmark im 1,5-Liter-Weinbeutel (ja, richtig gelesen: Weinbeutel – siehe »Alternative Verpackungsmaterialien«); Weingut Gerhard Pittnauer, z. B. Dogma Rosé; Brand Bros, z. B. Wildrosé; Weingut Rainer Schnaitmann, z. B. Steinwiege Muskattrollinger Rosé; Weingut Maria und Sepp Muster, z. B. Rosé vom Opok

ORANGE WINE

Orange Wine ist nichts anderes als Weißwein, der wie Rotwein hergestellt wird. Stichwort: Maischegärung. Durch die Gärung oder eine längere Standzeit auf der Maische wird nicht nur der Farbstoff aus den weißen Beerenschalen entzogen, auch Aromastoffe und Gerbstoffe werden extrahiert. Das Ergebnis ist ein Weißwein, der intensiv, mitunter orange in der Farbe ist und geschmacklich ordentlich Power hat. Auch wenn Orange Wine aus vermarktungstechnischen Gründen gerne im Kontext mit Naturwein, schwefelfreiem Wein, ökologisch oder gar biodynamisch erzeugtem Wein genannt wird, ist das nicht zwangsläufig der Fall. Bei Orange Wine – alle Emotionen an die Seite gepackt – handelt es sich schlicht und ergreifend um eine Weinbereitungsmethode. Je nach Rebsorteneinsatz sind Aromen – Achtung, der kommt flach! – von Trauben, Zitrusfrüchten, reifem Steinobst oder Trockenobst, Honig und den verschiedensten krautigen, herben Noten wie Salbei, Malz, Sauerteig & Co. ganz typisch. Orange Wines solltest du im Idealfall wie Rotweine behandeln. Das heißt, gegebenenfalls Luft dran lassen (aka karaffieren), nicht zu kalt und nicht zu warm servieren. Durch die Power und Präsenz, die diese Weine oft mit sich bringen, sind Orange Wines genial zu Gerichten, die vor Aromen nur so strotzen. Hammermäßig zu orientalischen Klassikern wie z. B. einer marokkanischen Tajine.

Lous

PROBIERTIPPS FÜR ORANGE-ANFÄNGER:INNEN: Saša Radikon, z. B. Slatnik und Ribolla Gialla; Azienda Agricola Zidarich, z. B. Vitovska Carso Bianco; Testalonga (Craig und Carla Hawkins), z. B. El Bandito Skin; Weingut Pranzegg, z. B. Tonsur; Weingut Michael Wenzel, z. B. Lockvogel; Azienda Agricola Aldo Viola, z. B. Egesta; Weingut Markus Ruch, z. B. Klettgau Amphore

NATURWEIN

Ganz ehrlich? Leidiges Thema. Leidig, weil ich den Begriff wirklich ätzend finde. Leidig auch, weil so viele schlecht gemachte Weine unter dem Deckmantel »Naturwein« (aka Natural Wine, Vin Naturel, naturbelassene Weine, Low Intervention Wines, Vins Vivants, Vini Veri, reduzierter Wein, lebendiger Wein) vermarktet werden, dass sich mir und etlichen meiner Winzerkolleg:innen die Nackenhaare aufstellen. »Der muss so schmecken, das ist Naturwein!« Bullshit. Hier nun mein Versuch, etwas Licht ins immer noch Dunkle zu bringen. Also, Ohren spitzen und zuhören – äh, Augen auf und Textmarker rauskramen:

Allein der Begriff Naturwein sorgt bereits allseits für Verwirrung. Wein ist doch Natur, wird aus Trauben gemacht – oder etwa nicht? Ja, Wein wird aus Trauben gemacht. Genauso wie Joghurt eigentlich aus Milch gewonnen werden sollte. Und dennoch: Wie in der Lebensmittelindustrie üblich, sind auch in der Weinbranche weit über 50 Zusatzstoffe erlaubt. Der Unterschied? Bis auf wenige Ausnahmen sind diese bei Wein noch nicht deklarierungspflichtig. Yep, richtig gelesen. Und eigentlich sollte genau dieser Umstand zum Nach- und Umdenken anregen. Da hört sich die Sache mit dem Naturwein doch eigentlich ganz gut an:

WAS IST NATURWEIN?

Naturwein ist Wein, der möglichst ohne bzw. durch den reduzierten Einsatz von kellertechnischen bzw. önologischen Verfahren sowie Behandlungs- und Zusatzmitteln hergestellt wurde. In der Naturweinherstellung soll zudem besonders viel Wert auf die naturnahe Bewirtschaftung nach ökologischen und/oder biodynamischen Leitsätzen gelegt werden. Die Trauben sollen händisch gelesen und spontan, also ohne den Einsatz von Reinzucht- oder Aromahefen, vergären. Während der Verarbeitung des Traubenmaterials und des Weinbereitungsprozesses soll der Gebrauch von Behandlungsmitteln sowie von Hilfs- und Zusatzstoffen weitestgehend reduziert werden. Und auch auf mechanische Abläufe wie übermäßiges Pumpen (z.B. Umpumpen von einem Tank in einen anderen) der Grundweine und weitere kellertechnische Verfahren sollte nach Möglichkeit verzichtet werden.

Eigentlich lässt sich Naturwein also im Grunde sehr einfach zusammenfassen: »So wenig wie möglich, so viel wie nötig!« Dennoch ist es Naturwein, der zwar seit Jahren in aller Munde ist, aber immer noch regelmäßig für hitzige Diskussionen sorgt. Denn über Naturwein kursiert extrem viel Halbwissen. Es wird viel Richtiges, aber leider auch eine Menge Blödsinn erzählt. Spätestens wenn ich mir dann auch noch das idealismusgeladene Geschwafel von irgendwelchen dahergelaufenen Freaks anhören muss, die nichts gelten lassen außer ihrer eigenen Weltanschauung und neunmalklug eine polemische Äußerung nach der anderen rausballern, könnte ich schreiend im Kreis laufen. Das Problem ist auch: Der Begriff Naturwein ist noch nicht verbindlich determiniert, basiert also nicht auf einer rechtlichen Grundlage. Alle Winzer:innen definieren ihre Arbeit bzw. Auffassung der Naturweinbereitung anders. Auch stammt ein Wein, der als Naturwein vermarktet wird, nicht automatisch aus ökologischer oder biodynamischer Landwirtschaft, ist also nicht automatisch ökologisch und/oder biodynamisch zertifiziert. Du siehst, ganz so einfach ist die Sache mit dem Naturwein dann doch nicht.

NATURWEIN – NUR EIN HYPE?

Mit Beginn der Naturweinbewegung und dem Hype um naturbelassene Weine mit freaky Etiketten und Schaumweinen mit Kronkorken insbesondere in den hippen Städten Europas kam auch bei jungen Menschen wieder eine neue Begeisterung für das Thema Wein auf. Dabei ging es weniger um das »Wie« und »Was« als vielmehr um den Inhalt der Weinflasche. Auch ging es nicht darum, die großen Weinnamen und Appellationen aus Frankreich und Italien auswendig zu kennen. Es war auch völlig egal, wie viel Gaja, Rinaldi, Armand Rousseau oder Coche-Dury du bis dato gesoffen hattest und wie dick dein Portemonnaie ist – es ging um Wein, und zwar ohne Schlips und Kragen, dafür mit Flipflops und Shorts. Wein wurde endlich »barrierefrei« gemacht. Dieses fast schon soziokulturelle Phänomen der Naturweinbewegung ermöglichte vielen Winzer:innen und Händler:innen einen ganz neuen und nie zuvor dagewesenen Zugang zum Markt.

Im Zuge der Naturweinbewegung gab es aber auch einige Winzer:innen, die einfach nur auf den »Naturweinzug« mit aufspringen wollten. Trittbrettfahrer, nämlich – in dem Falle – solche Winzer:innen, die fachliches Versagen und die daraus resultierenden Weinfehler und Weinkrankheiten unter dem Deckmantel von Naturwein vermarkteten. Den »Wein-Zivilist:innen«, vielen Sommelièren und Sommeliers sowie Weinverkäufer:innen wurde im gleichen Atemzug eingebläut, dass der Wein genau so zu schmecken habe, da es sich hierbei schließlich um Naturwein handele. Weinfehler und Weinkrankheiten waren plötzlich aus vermarktungstechnischen Gründen vollkommen in Ordnung. Ein Schlag ins Gesicht. Erstens für die Önologie und zweitens für all diejenigen Winzer:innen, die souveräne Naturweine auf die Flasche ziehen und ihr Handwerk in Perfektion beherrschen. Nicht zuletzt wurde dadurch die »Naturwein-Gerüchteküche« angekurbelt und sorgt damit bei dir als Konsument:in für maximale Verwirrung. Aussagen wie »Naturwein? Den Essig kannst du schön alleine trinken!« sind die Folge. Dabei stammen einige der begehrtesten Weine der Welt von Betrieben, die extrem reduziert in Weinberg und Keller arbeiten.

Viel wichtiger aber als diese negativen Begleiterscheinungen ist der positive Effekt, dass die Pionierarbeit vieler

Naturweinwinzer:innen erfolgreich dazu beigetragen hat, dass Weingüter ihr bisheriges Handeln im Keller und insbesondere im Weinberg mit Blick auf die Nährstoffversorgung der Böden und Reben sowie den unkontrollierten Einsatz von Pflanzenschutzmitteln & Co. kritisch hinterfragen und ihre Betriebe auf eine nachhaltigere Bewirtschaftungsform umstellen.

GUT ZU WISSEN: Wein im Herstellungsprozess – vom Weinberg bis zum Keller – ist ein sehr komplexes Unterfangen. Die Ausgangsbasis muss stimmen. Nur Know-how, perfektes Weinbergmanagement und die Verarbeitung von gesundem Traubenmaterial geben Winzer:innen die Freiheit, möglichst reduziert arbeiten zu können. Erst durch Perfektion und gute fachliche Praxis wird ihnen das »kontrollierte Nichtstun« ermöglicht.

WIE SCHMECKT NATURWEIN?

Naturbelassene Weine riechen und schmecken mitunter komplett anders und sehen auch anders aus als das, was du vielleicht bis dato im Glas hattest. Im Aussehen hat Naturwein oft eine kräftige Farbe und kann trüb bis sehr trüb sein – muss er aber nicht. Denn es gibt auch etliche Naturweine, die glasklar ins Glas laufen, und zwar gänzlich ohne den Einsatz von Behandlungsmitteln, Filtration & Co.

Ganz grundsätzlich kann man durchaus sagen, dass der Duft und der Geschmack eines Naturweins weniger durch fruchtige als vielmehr durch vegetative und mikrobiologische Aromen wie z. B. Heu, Tee, Kräuter, Waldboden, Malz oder Hefe geprägt ist. Oft wird der Geruch von Naturweinen, insbesondere bei Weißwein, auch mit dem eines Apfelweins bzw. Apfelmosts verglichen. Geschmacklich kann er – je nach Ausbau der Weine – mitunter von einer kräftigen Säure- und Tanninstruktur sein. Naturweine sind wilder und … ja, irgendwie ungeschliffener. Dann wiederum unfassbar elegant, charakterstark und sehr differenziert in Geruch und Geschmack. Will meinen: Naturwein lässt sich nur schwer in eine Schublade stecken und ist nicht immer extrem. Alles kann, nichts muss.

Lous

PROBIERTIPPS FÜR NATURWEIN-ANFÄNGER:INNEN:

Weingut Claus Preisinger, z. B. Kalk und Kiesel; Weingut Maria und Sepp Muster, z. B. Gelber Muskateller vom Opok; Weingut Werlitsch, z. B. Morillon vom Opok; Weingut Judith Beck, z. B. Koreaa; Weingut Heinrich, z. B. Naked White; Weingut Christian Tschida, z. B. Himmel auf Erden Rosé; Weingut Nusserhof, z. B. Elda Vernatsch; Weingut Rebenhof (Inh. Hartmut Aubell), z. B. Silt Lieu Dit; Domaine Labet, z. B. Gamay La Reine; Domaine Les Bottes Rouges, z. B. Léon Chardonnay; Weingut Pranzegg, z. B. Campill; Weingut Odinstal, z. B. Riesling 120 N.N.; Weingut Stefan Vetter, z. B. Müller-Thurgau Steinterrassen; Domaine Julien Meyer (aka Patrick Meyer), z. B. À-la-Vie; Christopher Barth, z. B. Zwei Zimmer Küche Barth; Kleines Gut, z. B. Trollinger; Weingut Atilla Homonna, z. B. Tokaji Furmint; Fattoria di Bacchereto, z. B. Terre a Mano; Gut Oggau, z. B. Theodora

ALKOHOLFREIER WEIN

Bei alkoholfreien Weinen handelt es sich um Weine, denen nachträglich der durch die Gärung entstandene Alkohol entzogen wird. Rein rechtlich darf sich alkoholfreier Wein nicht mehr »alkoholfrei« nennen, sondern läuft jetzt unter »entalkoholisierter« Wein – nur damit du es einmal gehört hast! Alkoholfreier Wein wird i. d. R. mittels thermischer Verfahren hergestellt. In der Praxis ist die schonende Entalkoholisierung durch Vakuumdestillation ein sehr gängiges Verfahren. Ein weiteres Verfahren ist z. B. die Umkehrosmose. Ein alkoholfreier bzw. entalkoholisierter Wein darf den Grenzwert von 0,5 Vol.-% nicht überschreiten. Gesundheitlich ist das völlig unbedenklich – da enthalten selbst reife schwarzbraune Bananen mehr Alkohol. Durch die Entalkoholisierung geht nicht nur der Alkohol, der als Geschmacksträger wie Butter im Mürbeteig funktioniert, verloren, sondern viele weitere Aromen und auch strukturgebendes Tannin. Um das geschmackliche Gleichgewicht wiederherzustellen, arbeiten viele Produzent:innen alkoholfreier Weine mit zugesetzten Aromen, z. B. auf Basis von Teeauszügen oder Gewürzen, oder mit der Zugabe von Zucker. Ob alkoholfreier Wein schmeckt oder nicht, hängt sehr stark von unserer Erwartungshaltung und von unseren Bedürfnissen ab. Du solltest dir darüber im Klaren sein, dass alkoholfreier Wein kein Ersatz, sondern eine Alternative ist und nicht mit alkoholfreiem Bier, dessen Geschmack oft an das »Original« herankommt, mithalten kann.

Lous

LOUS PROBIERTIPPS: Alkoholfreie Alternativen, die ich wirklich gut finde, sind z. B. die Sachen von Muri, die Champagner Bratbirne von Jörg Geiger oder die Geschosse von Wachstum König und Obsthof Retter.

GUT ZU WISSEN: Steht auf dem Etikett »Ohne Alkohol«, muss der Alkoholgehalt tatsächlich bei null liegen. Bei »alkoholfreien« bzw. »entalkoholisierten« Produkten hingegen darf der Alkoholgehalt von 0,5 Vol.-% nicht überschritten werden.

»DER HAT ABER SCHÖNE TANNINE!«

Neben dem »Unwort« Mineralität (siehe »Mineralität«) gibt es meines Erachtens keinen Begriff in der Weinwelt, der so inflationär gebraucht wird wie Tannin. Dabei wissen viele gar nicht, was es mit diesem entzückenden Stöffchen auf sich hat. Lass uns mal einen Blick hinter die Kulissen werfen:

Tannin ist im Grunde genommen nichts anderes als Gerbstoff. Gerbstoff löst in unserem Mund ein austrocknendes, adstringierendes Gefühl aus. Wenn wir uns einmal so eine Traube angucken, dann sehen wir zum einen die Rappen, also das Stielgerüst, und zum anderen die Beeren – hier sitzen die wichtigsten Inhaltsstoffe! Im Fruchtfleisch befinden sich neben anderen Inhaltsstoffen Zucker, Apfelsäure und Weinsäure. Innerhalb der Beerenhaut finden wir Mineralien, Aromastoffe und Polyphenole. Polyphenole kannst du dir als DIE Mutter aller Pflanzenstoffe vorstellen, die maßgeblich für den Geschmack, die Farbe (aka Anthocyane) sowie für die Tannine verantwortlich ist. Im Fachjargon heißen die Tannine dann aber eigentlich nicht mehr Tannine, sondern gehören zur Gruppe der Flavonoide (aka flavonoide Tannine). Die höchste Konzentration an Flavonoiden finden wir in den Rappen und Kernen sowie in der Beerenschale. Durch die adstringierende Eigenschaft der Flavonoide wird die Haut der Beere nämlich verdichtet. Diese Verdichtung schützt vor Fressfeinden und macht die Schale insbesondere für Vögel schwer verdaulich. Kuriose Überlebenshacks von Mutter Natur.

In erster Linie ist es im Übrigen völlig egal, ob wir von Weißwein oder Rotwein sprechen. Jede Rebsorte besitzt Tannine. Die eine mehr, die andere weniger. Tendenziell weisen Rotweinsorten aber eine höhere Konzentration an Gerbstoffen auf. Aufgrund dessen meinen eigentlich alle Rotwein, wenn von Tanninen die Rede ist. Rote Rebsorten, die eine besonders hohe Gerbstoffkonzentration aufweisen, sind z. B. Nebbiolo, Petit Verdot, Tannat, Cabernet Sauvignon oder Touriga Nacional. Rebsorten, die hingegen wenig Gerbstoff mit sich bringen, sind z. B. Spätburgunder, Trollinger, Cinsault oder Frappato.

Tannine verleihen dem Wein im besten Fall mehr Struktur, Textur, Komplexität und Ausdrucksstärke. Sie beeinflussen Ausgewogenheit und Stil eines Weins. Wichtig zu wissen ist, dass wir Tannin weder sehen, riechen noch schmecken können. Tannin löst ein Gefühl aus (aka trigeminale Wahrnehmung, trigeminaler Sinnesreiz). Bei starken und grünen, also unreifen Tanninen bekommen wir einen trockenen Mund und uns bleibt regelrecht die Spucke weg. Reife, weiche und zugleich griffige Tannine lösen wiederum ein wunderbar wohliges Gefühl im Mund aus. Die Lagerung des Weins im Holzfass oder auf der Flasche kann die Tanninstruktur eines Weins zudem positiv beeinflussen. Und auch mithilfe des Chemiebaukastens kann man ordentlich nachhelfen.

Trotz etlicher Möglichkeiten des Finetunings stammt gutes Tannin immer aus dem Weinberg und nie aus dem Keller. Nur aus gesunden und optimal gereiften Trauben entsteht brauchbares Tannin, ist halt leider so. Wenn die Trauben unreif gelesen worden sind, wirkt der daraus extrahierte Gerbstoff nämlich grün, hart, stark punktiert an der Gaumenmitte und bleibt dort lange dominant fühlbar. Da helfen dann auch keine Tricks und Mittelchen mehr.

GUT ZU WISSEN: Ich weiß schon gar nicht mehr, wer es war, aber irgendjemand meinte mal zu mir, dass er von tanninstarken Weinen Kopfschmerzen bekommen würde. Das ist, pardon, totaler Quatsch. Tannin befindet sich übrigens nicht nur im Wein, sondern in fast jeder Pflanze, in Gemüse und auch in Obstsorten. Für uns Menschen haben Tannine eine besondere gesundheitsfördernde Wirkung, nämlich eine antioxidative.

»EIN WEINCHEN MIT WENIG SÄURE, BITTE!«

»Kannst du mir einen Wein mit wenig Säure empfehlen?« Na, kommt dir die Frage irgendwie bekannt vor? Die böse Säure, so scheint es, mutiert zum Staatsfeind Nr. 1. Warum aber ist Säure im Wein so wichtig? Ganz einfach: Die Säure ist maßgeblich für die Qualität und die mikrobiologische Stabilität eines Weins verantwortlich. Sie beeinflusst die Farbe, das Alterungspotenzial und die Fruchtaromatik aller Weine. Ohne Säure schmecken die meisten Weine fett, stumpf und langweilig. Oder anders formuliert: Ein Wein ohne Säure ist schlicht und ergreifend tot. Dabei besteht die Gesamtsäure eines Weins nicht nur aus einer Säure, sondern aus Apfelsäure, Weinsäure, Milchsäure, Bernsteinsäure, Essigsäure und anderen unaussprechlichen und fancy Säuren wie z.B. Hydroxyzimtsäure. Diese werden in schmeckbare und nicht schmeckbare Säuren unterteilt und in der Summe wiederum als titrierbare (aka mengenmäßig ermittelbare) Säuren bezeichnet. Die zwei wichtigsten Säuren, nämlich Apfel- und Weinsäure, unterliegen während der Vegetationsphase dem ständigen Wandel. Das heißt, dass die Entwicklung und der Abbau dieser Säuren stark abhängig von der Witterung und dem jeweiligen Standort sind.

GUT ZU WISSEN: Die Gesamtsäure eines Weins pendelt sich normalerweise immer irgendwo zwischen 4–9 g/l ein, wobei Rotwein tendenziell weniger Säure aufweist als Weißwein.

Bei Weinen hängt der Säuregrad ganz maßgeblich von der Rebsorte, dem Jahrgang, dem Anbaugebiet, dem An- und Ausbau der Weine und ganz entscheidend von dem vorherrschenden Klima der jeweiligen Weinanbauregion und dem Zeitpunkt der Weinlese ab. Je länger die Trauben am Weinstock hängen und je länger der Erntezeitpunkt bei warmen Temperaturen herausgezögert wird, desto mehr Säure wird in der Regel auch »veratmet«. Das Weinanbauland und das entsprechende Weinanbaugebiet können demnach Aufschluss über die Säurestruktur und die Stilistik eines Weins geben. Zusammenfassend kannst du dir merken, dass Weine aus wärmeren Regionen tendenziell weniger Säure aufweisen als Weine aus kühleren Regionen. Beispiel: Chardonnay aus dem Napa Valley (warmes Weinanbaugebiet in Kalifornien, USA) → verhältnismäßig wenig Säure vs. Chardonnay von der Sonoma Coast (kühles Weinanbaugebiet in Kalifornien, USA) → verhältnismäßig viel Säure.

Es gibt Rebsorten, die von Natur aus dafür bekannt sind, Trauben mit wenig Säure zu produzieren. Nachfolgend findest du zur Orientierung einige Beispiele von roten und weißen Rebsorten mit verhältnismäßig wenig Säure:

ROTE REBSORTEN

- Trollinger (aka Vernatsch)
- Primitivo (aka Zinfandel)
- Malbec
- Merlot
- Dolcetto
- Montepulciano
- Dornfelder

WEISSE REBSORTEN

- Gutedel (aka Chasselas, Fendant)
- Auxerrois
- Müller-Thurgau (aka Rivaner)
- Grauburgunder (aka Pinot Grigio, Pinot Gris)
- Gewürztraminer
- Gelber Muskateller
- Viognier

Übrigens, Angaben über Zucker, Alkohol und Gesamtsäure in Weinbeschreibungen sind mit Vorsicht zu genießen. Hierbei handelt es sich lediglich um rein analytische Werte. Sie sind ein Anhaltspunkt, sagen aber prinzipiell nichts über den Gesamteindruck bzw. Geschmack eines Weins aus und sollten wenn immer im Kontext betrachtet werden. Wesentlich aussagekräftiger ist der pH-Wert eines Weins, der normalerweise zwischen 2,8 und 4,0 liegt. Je niedriger der pH-Wert ist, desto schlanker schmeckt der Wein – die Säure tritt mehr in den Vordergrund. Das erklärt, warum zwei Weine mit der gleichen Menge an Gesamtsäure unterschiedlich sauer schmecken können. Beispiel: pH-Wert einer Zitrone 2 → harte, vordergründige Säure vs. pH-Wert eines Joghurts 4,5 → milde, weiche Säure. Sofern du zu den Weintrinker:innen gehörst, die Probleme mit Säure haben, solltest du auch mal einen Blick auf restsüße Weine werfen.

Um das Zusammenspiel von Säure und Zucker zu verstehen, müssen wir auch gar nicht tief in die Materie Wein einsteigen. Ist uns etwas zu sauer, geben wir Zucker hinzu, ist uns etwas zu süß, verlangen wir nach Säure. In beiden Fällen harmonisiert sich der Gesamteindruck schlagartig.

Säure darf also nicht verteufelt werden. Sie ist von essenzieller Bedeutung. Ohne Säure fehlt Leben im Wein. Entscheidend ist der Gesamteindruck – ein harmonisches Gleichgewicht aus beiden Komponenten. Eine gewisse Restsüße, wie wir sie z. B. von einer Riesling Spätlese kennen, harmonisiert die Säure.

»ICH MAG KEINEN WEIN MIT HOLZGESCHMACK!«

Da du eventuell auch zu den Kandidat:innen gehörst, die beim Stichwort »Barrique« aus Angst vor plakativ gearbeiteten und »holzgelutschten« Weinen instinktiv zusammenzucken, gibt's hierzu auch mal ein paar klärende Takte. Warum wird Wein überhaupt ins Barrique gelegt? Oder lass uns doch noch mal eins zurückspulen – was ist ein Barrique überhaupt?

Ein Barrique ist ein Holz- bzw. Weinfass, das vornehmlich aus Eichenholz gefertigt wird und ein Fassungsvermögen von 214–304 Litern hat. Im Durchschnitt sprechen wir aber immer von 225 Litern – das wäre auch die richtige Antwort, solltest du jemals bei »Wer weiß denn sowas?« sitzen. Die Qualität eines Barriques ist von sehr vielen Faktoren abhängig – vom Ursprung des Holzes, dem Hersteller, vom Schnitt, der Struktur des Holzes, der Toastung (aka Abflämmen der inneren Fasswandung) und der Weiterverarbeitung.

Es gibt genau zwei Gründe für den Weinausbau bzw. die

Lagerung eines Weins im Barrique: die Harmonisierung der Weininhaltsstoffe und/oder eine Aromatisierung des Weins. Während der Lagerung des Weins im Holzfass können nämlich winzige Mengen an Sauerstoff in das Fass eindringen und mit dem Wein reagieren (aka Mikrooxygenierung) – denn Eiche ist nicht luftdicht. Die kontrollierte und geringe Sauerstoffzufuhr führt im Idealfall zu mehr Aromatiefe und Komplexität. Die Tannine, also die im Wein vorhandenen Gerbstoffe, können sich infolge des Sauerstoffkontakts besser entwickeln – das Tannin wird im besten Fall »sanfter« und fährt dir nicht wie ein Radlader über die Zunge. Im Fachjargon sprechen wir auch von einer schnelleren Tanninreife.

Inwieweit ein Wein durch ein Fass aromatisiert werden kann, hängt, wie gesagt, nicht nur vom Holz per se, sondern maßgeblich vom jeweiligen Toastungsgrad der Dauben (aka Seitenbretter) ab:

- Light (Vanillenoten)
- Medium (Karamell- bzw. Toastbrotnoten)
- Heavy (Kaffee-, Tabak- oder auch rauchige Noten)

Außerdem beeinflussen auch die Häufigkeit und die Dauer der Belegung der Fässer die Aromaintensität. Je öfter das Fass belegt wird, desto weniger geruchs- und geschmacksverändernde Stoffe gehen in den Wein über. Deshalb unterteilen wir auch in »neues Holz« und »altes Holz« oder klopfen bei Verkostungen im Weingut so Phrasen wie: »Wie oft wurde das Fass belegt?«

Tatsächlich gibt es nur wenige klassische Weintypen (z. B. Bordeaux oder Rioja), die bewusst in ein neues Holzfass gelegt werden – holzgelutschte Aromabomber sind halt auch einfach nicht mehr sexy! Ich würde sogar behaupten, dass ein Großteil aller Winzer:innen mit gebrauchten, also alten Holzfässern arbeitet. Deshalb musst du auch nicht gleich in Panik verfallen, wenn du in irgendeiner Weinbeschreibung über das Wort »Barrique« stolperst.

GUT ZU WISSEN: Es gibt noch etliche weitere Fasstypen wie z. B. das Fuder mit einem durchschnittlichen Fassungsvermögen von 1000 Litern, das Tonneau mit einem Fassungsvermögen von 500–900 Litern, das kleine süße Zigarillo mit 150 Litern oder das französische Pièce, das je nach Herkunft zwischen 205 und 228 Liter fasst.

»ICH TRINKE NUR WEIN OHNE SCHWEFEL!«

Anders als oft behauptet wirkt sich Schwefel in den seltensten Fällen auf dein Wohlbefinden aus. In der Regel sind ein übermäßiger Weinkonsum und ein Mangel an ausgleichender nichtalkoholischer Flüssigkeit wie z. B. Wasser für dein »Ich-fühl-mich-scheiße«-Gefühl am nächsten Morgen verantwortlich. Die Deklarierung »enthält Sulfite« oder »geschwefelt« wurde zugunsten der Asthmatiker:innen eingeführt. Sie können auf Sulfit mit Atemwegsbeschwerden reagieren. Ich will nicht sagen, dass eine Reaktion auf Schwefel unmöglich ist, zumal ich selbst Asthmatikerin bin.

Die Chance, dass du aufgrund von Schwefel Kopfschmerzen bekommst – ohne dir die Hoffnung nehmen zu wollen –, tendiert allerdings gegen null.

Im Grunde genommen ist Schwefeldioxid (aka Sulfit oder kurz SO_2) nichts weiter als ein Konservierungsstoff und Antioxidationsmittel. Schwefel kommt in vielen Lebensmitteln wie z. B. Trockenobst, Marmelade oder Wurstwaren zum Einsatz. Er schützt die in den Verkehr gebrachten Speisen und Getränke nachhaltig vor Bakterien und Hefen, wodurch die mikrobiologische Stabilität des jeweiligen Produkts garantiert wird. Die Konservierung mithilfe von Schwefel wird übrigens seit der Antike praktiziert und ist auch in der Weinproduktion von essenzieller Bedeutung.

Ganz grundsätzlich wird zwischen natürlichem Schwefel, der bereits während der Gärung entsteht, und zugesetztem Schwefel unterschieden. Die Menge an SO_2, welche nachträglich zur Konservierung beziehungsweise als Oxidationsschutz von Winzer:innen zugesetzt werden darf, ist durch Höchstgrenzen reguliert und bildet die gesetzliche Bemessungsgrundlage für eine entsprechende Kennzeichnungspflicht. Enthält ein Wein mehr als 10 mg SO_2/l – egal ob während der Gärung entstandener oder zugesetzter Schwefel –, muss der Zusatz »enthält Sulfite« auf dem Weinetikett angegeben werden. Nur wenn ein Wein weniger als 10 mg SO_2/l enthält, gilt er als schwefelfrei und darf ohne einen entsprechenden Hinweis etikettiert werden. Für Weine aus ökologischer und biodynamischer Produktion gelten dabei geringere Grenzwerte. Bedingt dadurch, dass bereits während der Gärung auf natürliche Weise Schwefel entsteht, gibt es auch keinen »schwefelfreien Wein« – sondern nur Wein ohne zugesetzten Schwefel.

Schwefel ist für die Weinhygiene und das Abbinden von Gärungsnebenprodukten wie z. B. Acetaldehyd, Alpha-Ketoglutarsäure und Brenztraubensäure von essenzieller Bedeutung. Ein Verzicht auf Schwefel ist nur möglich, wenn das Lesegut kerngesund ist und auch die Kellerhygiene stimmt. Aber wer kann das schon zu 100 % garantieren? Ein kompletter Verzicht auf Schwefel kann Mikroorganismen auf den Plan rufen, die im schlimmsten Fall Toxine (aka Giftstoffe) wie biogene Amine (z. B. Histamin, Phenylethylamin) produzieren, die akute Beschwerden von allergischen Reaktionen bis Leberversagen verursachen können. Es gibt Winzer:innen, die es schaffen, schwefelarme Weine zu produzieren – und mitunter gibt es auch welche, die auf eine Schwefelung gänzlich verzichten können. Dabei handelt es sich aber um solche Winzer:innen, die ihr Handwerk in Perfektion beherrschen. Und oft, da macht die Natur einem ganz einfach einen dicken Strich durch die Rechnung und versaut es durch extreme Wetterumschwünge wie starke Regengüsse oder Hitze für alle Beteiligten auf den letzten Metern.

Es gibt aber durchaus Weine, die mehr Schwefel benötigen als andere. Die sogenannten Schwefelfresser sind Weine, die stärker geschwefelt werden müssen, um verkehrssicher gemacht zu werden. Das sind z. B. Weine, bei denen faules Lesegut verarbeitet worden ist, oder Weine, die einen überdurchschnittlich hohen Gehalt an Restzucker aufweisen (z. B. Beerenauslese, Trockenbeerenauslese). Da Weißwein wesentlich schneller Gefahr läuft zu oxidieren, werden sie ebenfalls häufig stärker geschwefelt als Rotweine.

Schwefel wirkt reduktiv. Das heißt: Wird zu viel Schwefel verwendet, wirkt der Wein wie in sich verschlossen. Der Wein riecht oft fast ausschließlich nach Schwefel, dessen Geruch vergleichbar mit dem von abgebrannten Streichhölzern ist. Dass Weine nach Schwefel riechen, kommt häufiger vor, wenn sie erst vor Kurzem abgefüllt worden sind. Deshalb werden diese Weine auch oft als füllkrank bezeichnet. Der Geruch ist allerdings nicht dauerhaft, sondern verschwindet für gewöhnlich nach ein paar Wochen wieder. Übertreibt man es mit dem Einsatz von Schwefel, kann der Wein nachhaltig hart, rau und sauer schmecken. Richtig dosiert aber ist Schwefel weder riech- noch schmeckbar. Dass Naturweine oft »anders« schmecken, ist übrigens nicht ausschließlich auf den Verzicht von zugesetztem Schwefel oder auf eine nur minimale Schwefelgabe zurückzuführen, sondern auf den gesamten Weinbereitungsprozess.

LOUS KLEINES WEIN-GLOSSAR

ABSTICH: Beim Abstechen wird der klare Wein oberhalb des Trubs »abgestochen« und in einen anderen Tank oder ein anderes Fass gefüllt. Dieser Vorgang kann so lange wiederholt werden, bis sich am Tank- oder Fassboden keine Trubstoffe mehr absetzen und der Wein klar ist. Der erste Abstich erfolgt in der Regel direkt nach Beendigung der alkoholischen Gärung.

ALKOHOL: Alkohol ist ein natürliches Produkt der alkoholischen Gärung. Der Alkoholgehalt ist deklarierungspflichtig und wird auf dem Weinetikett normalerweise in Volumenprozent (Vol.-%) angegeben. Wie »stark« ein Wein ist, hängt von der verwendeten Rebsorte, der Herkunft, dem Klima sowie der angestrebten Stilistik der Winzer:innen ab. Alkohol ist ein wichtiger Geschmacksträger im Wein und sorgt im besten Fall für ein wohliges und strukturiertes Gefühl im Mund. Ein Zuviel an Alkohol hingegen kann beim Ausatmen ein schweres und brandiges Gefühl hinterlassen. Ein Wein kann aber auch zu wenig Alkohol haben. In dem Fall wirkt er fad und irgendwie konturlos. Merke: Die Zahl, die auf dem Etikett steht, ist weniger entscheidend als der Gesamteindruck. Es gibt Weine mit 14,5 Vol.-%, die wie Weine mit 12,5 Vol.-% schmecken – und umgekehrt. Der Alkohol im Wein sollte idealerweise immer gut eingebunden sein.

BATTONAGE: Mit Battonage meint man das i. d. R. wöchentliche Aufrühren der toten Hefezellen beim Hefesatzlager (aka sur lie), die sich nach Beendigung der Gärung am Boden des Gärbehälters ansammeln. Durch das Aufrühren kommt es zu einer verstärkten Freisetzung von Hefeautolyseprodukten wie z. B. Mannoproteinen, die dem Wein ein cremigeres und üppigeres Mundgefühl verpassen können. Durch das Hefesatzlager gehen zusätzlich Aromen in den Wein über, die an Butter, frisches Brot und Hefezopf erinnern, und auch der biologische Säureabbau kann durch die Battonage gefördert werden.

BEHANDLUNGSMITTEL: Behandlungsmittel sind z.B. Schönungsmittel wie Aktivkohle, Bentonit oder Gelatine. Diese Stoffe können bei kellertechnischen Verfahren zum Einsatz kommen und dienen zur Klärung und/oder zur Entfernung von Farb-, Geschmacks- und Geruchsfehlern sowie zur Eiweißstabilisierung. Aber auch Reinzucht- und Aromahefen, die erstens bei der kontrollierten Gärführung Anwendung finden und zweitens zur Intensivierung der Aromatik führen, gehören zu den Behandlungsmitteln. Zusatzstoffe hingegen sind z.B. Weinsäure, Tannin oder Schwefel. Kellertechnische Verfahren wiederum sind z.B. Filtration, Flotation (aka Sedimentation) oder übermäßiges mechanisches Pumpen der Weine, aber auch der Ausbau der Weine in Barriques sowie die temperaturgesteuerte Gärführung.

BEWIRTSCHAFTUNGSFORM: Innerhalb des Weinbaus wird in der Regel zwischen vier Bewirtschaftungsformen unterschieden. Eine Vorgehensweise, die immer weniger praktiziert wird, ist die konventionelle Bewirtschaftung. Hierbei handelt es sich oft um eine sehr intensive Verfahrensweise, bei der unter anderem ein hohes Maß an schnell wirkenden Mineral- und organischen Düngern zum Einsatz kommen kann. Der integrierte Weinbau ist eine Produktionsmethode zur wirtschaftlichen Erzeugung qualitativ hochwertiger Trauben. Im Vordergrund dieser Produktionsmethode stehen der Schutz der menschlichen Gesundheit sowie die Schonung der Produktionsgrundlagen und der Umwelt. Entstanden ist diese Form der Bewirtschaftung durch den »integrierten Pflanzenschutz« in den 80er-Jahren.

Eine weitere Form stellt der biologisch-organische Weinbau dar, der auch als ökologischer Weinbau bekannt ist. Ein wichtiges Charakteristikum ist die ganzheitliche Betrachtung des landwirtschaftlichen Betriebes. Durch die Pflege der Bodenfruchtbarkeit soll ein intaktes »Ökosystem Boden« entstehen, aus dem die Pflanzen ihre Nährstoffe beziehen können. Der Stoffkreislauf soll weitestgehend geschlossen und die natürlichen Lebensprozesse sollen dadurch gefördert werden. Wein aus ökologischer Bewirtschaftung erkennst du am Siegel der EU-Bio-Verordnung. Sie ist die Basis jeden Bioweins. Darüber hinaus gibt es weitere Weinbauverbände bzw. Zertifizierungsorgane wie z. B. Ecovin, Naturland oder Bioland, bei denen der An- und Ausbau der Weine kontrolliert wird.

Die vierte Bewirtschaftungsform, der biologisch-dynamische Weinbau, geht auf den Anthroposophen Rudolf Steiner zurück. Dieser hatte zwar nichts mit Wein zu tun. Der Fachkurs jedoch, den er 1924 in Koberwitz mit acht Vorträgen hielt, die mitstenografiert und anschließend unter dem Titel »Landwirtschaftlicher Kurs« als Buch veröffentlicht wurden, spielt heute in der gesamten biologisch-dynamischen Landwirtschaft und somit auch im entsprechenden Weinbau eine zentrale Rolle. Ähnlich wie die Homöopathie sieht sich auch die Biodynamik als ein in sich geschlossener Betriebskreislauf, der die Fähigkeit besitzt, sich aus sich selbst heraus zu regulieren. Daneben baute Steiner auf spezifisch wirkende Präparate wie Hornmist, Hornkiesel und verschiedene Pflanzenauszüge sowie auf eine artenreiche Fruchtfolge und Viehhaltung. Weltweit gibt es drei offizielle Verbände, die biodynamisch arbeitende Weinbaubetriebe zertifizieren dürfen: Demeter, Biodyvin und respekt-BIODYN. Diese Zertifizierungsorgane bestimmen schlussendlich auch, was in den Weinbergen und beim Ausbau der Weine erlaubt und verboten ist. Die Richtlinien sind oft wesentlich strenger als die Richtlinien für ökologischen Weinanbau der EU-Bio-Verordnung. Daneben gibt es weitere Zusammenschlüsse biodynamischer Betriebe, die zwar nicht als Zertifizierungsorgane fungieren, sich aber aus marketingtechnischen Gründen zusammengeschlossen haben, um in der Gemeinschaft stärker auftreten und gemeinsame Ziele umsetzen zu können – z. B. La Renaissance des Appellations.

BIODYNAMISCHER WEINANBAU: Der biodynamische Weinbau betrifft alle Aspekte des ökologischen Weinbaus (keine Mineraldünger und keine Unkrautvernichtungsmittel) plus die Anwendung von homöopathischen Präparaten plus die Betrachtung des Betriebes als autarken Hofkreislauf. Die verwendeten Präparate aus Heilpflanzen und tierischen Hüllen sind das Hauptmerkmal der biologisch-dynamischen Bewirtschaftungsform. Sie haben eine ausgleichende, harmonisierende Wirkung und unterstützen die selbstregulierenden Kräfte des Naturhaushaltes. Insgesamt gibt es neun Präparate, die entweder den Wirtschaftsdüngern (Stallmist, Gülle, Jauche) zugesetzt oder in Wasser gerührt und dann auf die Pflanzen und die Böden gesprüht werden. Diesen Vorgang nennt man auch Dynamisierung, da das Präparat dynamisch im Wasser verrührt wird.

Die wichtigsten und wohl bekanntesten Mittel sind die Feldspritzpräparate Hornmist 500 (Ausbringung auf den Boden) und Hornkiesel 501 (Ausbringung über den Reben), wobei Ersteres für Expansion und Wachstum steht. Frischer Kuhdung von bester Qualität wird in Kuhhörner gefüllt und über die Wintermonate im Boden vergraben, wo er einem Wandlungsprozess unterzogen wird. Beim Ausgraben und Lösen des Kuhdungs aus den Hörnern riecht dieser nach frischem Waldboden und fördert das mikrobielle Leben und die Bildung von Humus. Das Präparat Hornkiesel 501 hingegen steht für Konzentration und Reife. Hier wird fein zermahlener möglichst reiner Quarz in die Kuhhörner gefüllt und über die Sommermonate in der Erde vergraben. Daneben gibt es noch die sogenannten Düngerzusatz- bzw. Kompostpräparate wie beispielsweise Kamille, Schafgarbe oder Brennnessel. Sie unterstützen Wachstums-, Genesungs- und Fortpflanzungsprozesse und übernehmen dabei die Aufgabe, Substanzen und Prozesse zu organisieren und zu strukturieren. Alle Präparate werden in homöopathischen Dosen ausgebracht. Dabei gilt, ähnlich wie in der Homöopathie, dass, je geringer der materielle Anteil eines bestimmten Stoffes, desto intensiver die Wirkung der entsprechenden Substanz. Das Ziel der Biodynamik ist es, Monokulturen zu unterbrechen und die selbstregulierenden Kräfte der Natur zu fördern und zu stärken. Biodynamischer Weinbau ist lediglich eine Bewirtschaftungsform. Wein aus biodynamischem Weinanbau muss, genauso wenig wie Wein aus ökologischem Weinanbau, nicht zwangsläufig anders aussehen, riechen oder schmecken als Wein aus konventioneller Bewirtschaftung. Weinen aus biodynamischem Weinanbau wird aber oft nachgesagt, dass sie komplexer seien und – ja, sich irgendwie auch individueller im Glas repräsentieren als Weine von der »Stange«. Meiner Meinung nach kommt es aber immer auf das große Ganze an – auf die Bewirtschaftungsform, die Herkunft der Trauben und den Einfluss und die Interpretation des »Weinmachens« der jeweiligen Winzer:innen. Ein Pinot Grigio mit Demeter-Stempel kann genauso nichtssagend schmecken wie ein Pinot Grigio aus dem Supermarkt, bei dem die Rebflächen konventionell bewirtschaftet worden sind.

BIOLOGISCHER SÄUREABBAU: Auch malolaktische Gärung oder BSA genannt. Dabei wird die hart schmeckende Apfelsäure in die weiche Milchsäure umgewandelt. Dieser Vorgang wird mittels der sogenannten Oenococcus-oeni-Bakterien eingeleitet. Das Ergebnis ist ein weiches, rundes und in der Säure gepuffertes Geschmacksbild, das im Aroma an buttrige Noten erinnern kann. Oft wird der biologische Säureabbau auch kritisiert, da die Weine zu »weich« werden und damit die Typizität der jeweils verwendeten Rebsorte verloren geht.

BOTRYTIS: Botrytis cinerea, auch Grauschimmel oder Edelfäule, ist ein Schimmelpilz, der Trauben befällt. Begünstigt wird die Bildung von Botrytis durch bestimmte klimatische Bedingungen wie z. B. feuchte und nebelige Morgen, die durch warme Sonnenstunden am Mittag abgelöst werden. Der Pilz durchbohrt die Haut der reifen Beere, infolgedessen verdunstet das Wasser in der Beere, und die übrigen Inhaltsstoffe können sich auf natürliche Art und Weise konzentrieren. Aus diesen sogenannten edelfaulen Beeren entstehen einige der bekanntesten und teuersten Süßweine (aka edelsüße Weine) der Welt, darunter Sauternes aus Bordeaux, Beeren- und Trockenbeerenauslesen von der Mosel oder vom Neusiedler See in Österreich und Tokaj aus Ungarn. Teuer sind sie deshalb, weil der Ertrag bzw. die Saftausbeute aus den geschrumpften Beeren nur sehr gering ist und nicht jedes Jahr ein »Botrytis-Jahr« ist. Weniger bekannt, aber mindestens genauso gut und um einiges preiswerter sind übrigens die Süßweine der Loire wie z. B. Coteaux-du-Layon aus der Rebsorte Chenin Blanc. Je nach Rebsorte zeichnen sich edelsüße Weine durch ein sehr markantes Aroma (aka Botrytis-Ton) aus, das in der Nase oft an getrocknetes Steinobst, tropische Früchte, Safran, Kardamom oder auch Ingwer erinnert. Persönlich assoziiere ich diese fast schon sirupartigen Weine immer mit flüssiger Tarte Tatin. Bei zu starker Feuchtigkeit kann sich Botrytis aber auch sehr schnell und zu stark ausbreiten. Dann befällt der Pilz die noch unreifen Beeren und führt zu Graufäule, die eine unerwünschte Weinkrankheit ist. Durch die Feuchtigkeit besteht zudem das Risiko eines Sekundärbefalls durch Essigfäule.

COOL CLIMATE WINES & HOT CLIMATE WINES: Wenn Winzer:innen einen Weinberg neu anlegen möchten, dann sollte die gewählte Rebsorte im Idealfall auch auf den Standort und zu dem dort vorherrschenden Klima passen. Denn das Klima ist maßgeblich für die Aromaausprägung sowie für die Entwicklung von z. B. Zucker- oder Säurewerten in der Beere verantwortlich. Die rote Rebsorte Grenache beispielsweise verlangt für die optimale Reifeentwicklung der Beere ein ganz anderes Klima als die rote Rebsorte Spätburgunder. Deshalb werden Rebsorten auch in Cool-Climate- und Hot-Climate-Rebsorten unterschieden. Cool-Climate-Rebsorten sind z. B. Chardonnay, Riesling, Sauvignon Blanc, Chenin Blanc, Spätburgunder, Gamay oder Cabernet Franc. Gepflanzt auf dem für sie richtigen Standort, nämlich einem kühlen, entstehen aus ihnen frische und strukturierte Weine. Sie sind für die jeweilige Rebsorte typisch im Duft und zeichnen sich durch verhältnismäßig niedrige Alkoholwerte sowie eine frische und prägnante Säurestruktur aus. Diese Weine werden als »Cool Climate Wines« bezeichnet. Bekannte Weinanbauländer und Weinanbaugebiete, aus denen Cool Climate Wines stammen, sind z. B. Deutschland, Österreich, die Champagne oder die Loire, aber auch Regionen in Übersee wie z. B. Sonoma in Kalifornien oder Elgin in Südafrika.

ETIKETTENTRINKER:INNEN (AKA ETIKETTENSAUFEREI): einen Wein schon vor dem Öffnen entweder feiern oder verurteilen, weil der Ruf des Weingutes auf dem Etikett dem ersten Schluck vorauseilt.

ENTRAPPEN: Mit Entrappen, Rebeln oder auch Abbeeren ist das Ablösen der Beeren vom Traubengerüst gemeint. Dieser Vorgang soll verhindern, dass der sich oft sehr grün und bitter anfühlende Gerbstoff der Stielgerüste in den Saft der Beeren bzw. schlussendlich in den Wein übergeht.

FALSCHER MEHLTAU VS. ECHTER MEHLTAU: Im Weinbau gibt es zwei gefürchtete Pilzkrankheiten, die beide zu erheblichen Schäden und Ernteausfällen führen können – den Echten Mehltau (aka Oidium) und den Falschen Mehltau (aka Peronospora, Pero). Oidium tritt verstärkt in warmen bis heißen Regionen mit kühlen Nächten und Taubildung auf. Peronospora hingegen liebt es feucht. Insbesondere dann, wenn die Laubwand aufgrund ständiger Regenfälle einfach nicht mehr richtig trocken wird, kann sich die Pilzkrankheit explosionsartig ausbreiten. Den Kampf gegen solch einen hohen Pilzdruck zu gewinnen, ist fast vergebens und erfordert überdurchschnittlich viele Spritzdurchgänge. Insbesondere den ökologischen und biodynamischen Weinanbau stellt ein hoher Pilzdruck durch Peronospora oder Oidium vor extreme Herausforderungen, da hier als einzige effektive Mittel zur Bekämpfung der Krankheiten nur Kupferpräparate, Backpulver und Schwefel zugelassen sind.

FRUCHTSÜSS VS. EDELSÜSS: Mit »fruchtsüß« werden Weine aus vollreifen Trauben bezeichnet, wie z. B. Kabinett, Spätlese oder Auslese, die einen natürlich erhöhten Restzuckergehalt aufweisen. Edelsüße Weine hingegen sind Beeren- oder Trockenbeerenauslesen, bei denen ausschließlich edelfaule Trauben verarbeitet worden sind.

GEMISCHTER SATZ (AKA ALTER SATZ, MISCHSATZ, MISCHKULTUR): Bei einem gemischten Satz handelte es sich traditionell um einen praktischen Ansatz zur Gestaltung der Weinberge. Dafür pflanzte man verschiedene für die Region typische Rebsorten mit unterschiedlichen Reifezeitpunkten und Säuregraden gemeinsam in einem Weinberg an, um eine möglichst gleichbleibende Qualität zu gewährleisten und um Ernteausfällen in schlechten Jahren vorzubeugen. Getreu dem Motto: Irgendwas bleibt schon hängen! Die Trauben wurden dann gemeinsam geerntet und anschließend auch gemeinsam zu einem Wein weiterverarbeitet. Einige Winzer:innen wissen bis heute nicht genau, was in den Weingärten, die teilweise noch von ihren Großeltern angelegt worden sind, alles wächst. Das heißt auch, dass ein traditioneller gemischter Satz logischerweise von jedem Weingut anders schmeckt. Tatsächlich ist es heute so, dass die Weintrauben für einen gemischten Satz auch aus verschiedenen Weingärten stammen dürfen. Von einigen Winzer:innen wird dies scharf kritisiert, weil es den gemischten Satz in seiner ursprünglichen Form verfälscht. Einen gemischten Satz solltest du im Übrigen nicht mit einer Cuvée verwechseln, bei der Grundweine verschiedener Rebsorten bewusst miteinander verschnitten werden.

Lous

PROBIERTIPPS: Weingut Neumeister, Weingut Pranzegg, Weingut Wieninger, Weingut Loimer, Weingut Lichtenberger González, Weingut Max Ferd. Richter, Weingut Alois Lageder, Weingut Beurer

GEOSMIN: Geosmin wird von Bakterien im Boden produziert und ist ein bicyclischer tertiärer Alkohol. Je nach Ausprägung riecht Geosmin erdig bis stark muffig. Den Geruch nach Geosmin – in abgeschwächter Form – kennen wir z. B. auch, wenn Regen auf heißen Asphalt fällt. Wir sagen dazu: »Das riecht nach Sommer!« Dieser typische Sommergeruch heißt übrigens auch Petrichor. Wir Menschen reagieren auf Geosmin hochsensibel. Je nach Ausprägung wird der Geruch bei Wein toleriert, in krassen Fällen gilt er als Weinfehler und erinnert oft an einen Korkschmecker – selbst wenn der Wein gar keinen Korkverschluss hat! Die Bildung von Geosmin wird unter anderem durch heiße Temperaturen und lang anhaltende Trockenheit gefördert. Dieser erdige Geruch ist z. B. ein sehr charakteristisches Merkmal von Vino de Pasto aus Andalusien – geiles Zeug!

HANDLESE VS. MASCHINENLESE: Es gibt zwei Möglichkeiten der Weinlese. Die Lese der Trauben per Hand oder per Vollernter, also mit der Maschine. Beide Methoden haben ihre Daseinsberechtigung und sollten immer in Relation zum angestrebten Produkt und dem erzielten Verkaufspreis betrachtet werden. Der große Vorteil der maschinellen Lese ist ihre Geschwindigkeit. Durch die Schnelligkeit des Vollernters können optimale Wetterverhältnisse perfekt ausgenutzt werden – auch bei Nacht. Da der größte Teil der Arbeit von der Maschine übernommen wird, ist man im Gegensatz zur Handlese unabhängiger von Arbeitskräften und spart sich somit auch einiges an Personalkosten. Der Nachteil ist, dass die schweren Maschinen zu Bodenverdichtungen führen können, das Sortieren von gesundem und faulem Lesegut nur bedingt möglich ist und es bei nasser Laubwand aufgrund von Verwässerung des Leseguts zu Mostgewichtsverlusten kommen kann. Weiter sind die mechanische Belastung des Leseguts und die damit einhergehende Gerbstoffaufnahme sowie das Risiko von Oxidationsprozessen im Vergleich zur Handlese nicht zu unterschätzen. Der größte Vorteil der Handlese ist, dass die Sortierung von faulen, gesunden, gereiften, überreifen oder edelfaulen Trauben und Beeren möglich ist.

HEFEN: Um einen Most zum Gären zu bringen, benötigen wir Hefe. Die Hefe frisst den Zucker auf und produziert als Folge dessen Alkohol und CO_2. Einen Wein kann man entweder mit Reinzucht- oder Aromahefen, also salopp gesagt mit Hefen aus dem Labor vergären, oder man vergärt ihn spontan. Letzteres geschieht mithilfe der natürlichen weinbergs- und kellereigenen Hefeflora. Genauer gesagt wird die spontane Gärung mit den Hefen Metschnikowia pulcherrima, Kloeckera apiculata und einigen weiteren gestartet. Sind die ersten 7 Vol.-% erreicht, sterben sie für gewöhnlich ab und Saccharomyces cerevisiae übernimmt. Diese Hefen werden auch »wilde Hefen« oder »Umgebungshefen« genannt. Beide Arten der Gärung, kontrolliert durch Reinzucht oder spontan mittels wilder Hefen, haben ihre Vor- und Nachteile.

HISTAMIN: Histamin gehört zur Gruppe der biogenen Amine und ist ein Abbauprodukt des Eiweißbausteins

Histidin. Histamin wird vom Körper in erster Linie selbst produziert. Zusätzlich kann Histamin aber auch über die Nahrung aufgenommen werden. Normalerweise baut der Körper Histamin ganz einfach im Dünndarm mithilfe des Enzyms Diaminoxidase (aka DAO) ab – ist diese Funktion gestört, kommt es zur Histaminunverträglichkeit. Allergische Reaktionen wie eine laufende Nase, geschwollene und gerötete Augen, Hautausschlag, Magen-Darm-Probleme, aber auch Atemnot können die Folge sein. Eine besonders hohe Konzentration an Histamin findet man beispielsweise in gereiften Käse- oder Wurstwaren, in geräuchertem oder konserviertem Fisch und in fermentierten Produkten wie Sauerkraut und Sojasauce, aber auch in Wein, insbesondere in Rotwein. Obwohl die Konzentration an Histamin in den zuvor genannten Lebensmitteln um ein Vielfaches höher als in Wein ist, gibt es ein entscheidendes Problem: Alkohol. Denn der hat eine potenzierende, also verstärkende Wirkung. Weine, denen ein besonders hoher Histaminwert nachgesagt wird, sind schwere, holzfassgereifte Rotweine aus warmen Regionen. Aber auch bei Weinen, bei denen z.B. unsauberes Lesegut verarbeitet worden ist, nicht sauber im Keller gearbeitet wurde und zusätzlich wenig bis kein Schwefel zum Einsatz kam, können verstärkt allergische Reaktionen beobachtet werden, da es sich bei Histamin um biogene Amine handelt und diese mit Schwefel normalerweise gebunden werden können.

KALTGÄRAROMATIK (AKA HARIBO-WASSER): Das Ergebnis einer im Vergleich sehr kühlen Gärung (ca. 10–15 °C) sind fruchtige und aromatische Weine, die einen in der Nase an Eisbonbons (auch oft assoziiert mit Bananen), grüne Äpfel oder eben an Gummibärchen erinnern. Solche Weine schmecken nicht selten charakterlos, eindimensional und künstlich, weshalb sie nett mit »Kaltgäraromatik« und eher abschätzig mit den Worten »Jo, Haribo-Wasser« oder »dropsig« umschrieben werden.

KÖRPER (AKA BODY): In englischen Weinbeschreibungen bist du vielleicht schon einmal über die Beschreibungen »light body«, »medium body« oder »full body« gestolpert. Der Begriff »Körper« oder »body« bezieht sich auf eine sensorische Eigenschaft von Wein, die seine texturale Fülle, Dichte und Viskosität beschreibt. Der Körper eines Weins gibt an, wie schwer oder leicht er im Mund wirkt.

MAISCHE: Gemisch aus dem Saft der Beeren (unvergorener Most), den Beerenschalen, den Beerenkernen, dem Fruchtfleisch und gegebenenfalls den Rappen.

MAISCHESTANDZEIT: Damit ist die Kontaktzeit zwischen dem unvergorenen Most und den angequetschten Beeren gemeint, sie dient der Extraktion von Inhaltsstoffen aus der Beerenschale. Stell dir das einfach so vor, als würdest du dir einen Tee zubereiten. Je länger der Teebeutel in deiner Kanne hängt, desto mehr Geschmack geht auch in dein Wasser über. Gar nicht so kompliziert, oder?

MINERALITÄT: Mit dem Begriff Mineralität oder mineralischer Geschmack versuchen einige, den Geruch und Geschmack eines Weins auf den Boden des jeweiligen Weinanbaugebiets zurückzuführen. Oft werden diese Weine als stahlig, kreidig oder feuersteinartig beschrieben. Ob man die Minerale und demnach den Boden, auf dem der Wein gewachsen ist, tatsächlich schmecken kann, darüber gibt es unterschiedliche Meinungen – die wenigsten davon sind wissenschaftlich fundiert. Wenn du dich ernsthaft dafür interessierst, welchen Einfluss der Boden auf die Rebe und damit auf den Wein (Stichwort: Nährstoffversorgung & Co.) nimmt, solltest du dir das Buch ›Vineyards, Rocks, and Soils: The Wine Lover's Guide to Geology‹ von Alex Maltman zulegen.

MOSTGEWICHT: Das Mostgewicht gibt den natürlichen Zuckergehalt des Traubenmosts vor der Gärung an und damit Aufschluss über den potenziellen Alkoholgehalt des Weins. Das Mostgewicht ist in Deutschland – neben anderen Kriterien – nach wie vor ausschlaggebend für die Einstufung der Qualität, vor allem bei Prädikatsweinen. Der Zuckergehalt des Traubenmosts wird z. B. in Deutschland in Oechsle-Grad (°Oe) und in Österreich in KMW (Klosterneuburger Mostwaage) gemessen.

OXIDATIVER VS. REDUKTIVER AUSBAU: Man spricht von einem oxidativen Ausbau, wenn der Wein im Herstellungsprozess kontrolliert mit Luft in Kontakt kommt. Von einem reduktiven Ausbau spricht man, wenn die Weinbereitung weitestgehend unter Luftausschluss erfolgt. Oxidativ ausgebaute Weißweine zum Beispiel sind in ihrer Aromatik und Tanninstruktur oft verhaltener und zeichnen sich durch ein weiches und harmonisches Geschmacksbild aus. Reduktiv ausgebaute Weißweine hingegen zeigen mehr Frucht, mehr Tannin und wiederum ein frischeres und festeres Geschmacksbild. Die reduktive und oxidative Ausprägung wird jedoch maßgeblich von der verwendeten Rebsorte und dem Gesundheitszustand des Traubenmaterials beeinflusst. Reduktiv ausgebaute Weine haben aufgrund des Luftausschlusses zudem ein erhöhtes »Böckserrisiko« (siehe »Böckser«) und sind auch anfälliger für den »untypischen Alterungston« (aka UTA). Aufgrund dessen lässt sich ein reduktiv ausgebauter Wein nicht immer ausschließlich als »fruchtig« beschreiben. Die Aromen erinnern dann eher an verfaulte Eier, Pferdestall & Co. Verhältnismäßig viel Sauerstoff beim oxidativen Ausbau führt wiederum zu dem charakteristisch nussigen Ton, wie man ihn z.B. von einem Oloroso Sherry oder einen Tawny Port kennt.

PETROL: Der Geruch nach Petroleum bzw. Kerosin kann für gereifte Rieslinge aus warmen Jahren oder Herkunftsgebieten ein charakteristisches Merkmal sein. Hervorgerufen wird er durch die Entstehung von TDN (1,16-Trimethyl-1,2-Dihydronaphthalin). TDN entsteht beim Abbau von Carotinoiden, die vermehrt in Rieslingweinen aus stark sonnenexponierten Beeren enthalten sind.

PHYSIOLOGISCHE REIFE (AKA KOMPLETTE AUSREIFUNG DER FRUCHT): Sie bezieht sich nicht ausschließlich auf den Zuckergehalt der Beere, sondern auch auf den Säuregehalt, die aromatische Ausprägung, die Entwicklung der Tannine, die Viskosität des Fruchtfleischs und den pH-Wert.

PILZWIDERSTANDSFÄHIGE REBSORTEN: Auch PIWIs genannt. Dabei handelt es sich um Neuzüchtungen wie Souvenir Gris, Cabernet Blanc, Bronner & Co. Diese Rebsorten sind weniger empfindlich gegenüber bestimmten Krankheiten wie z. B. dem Echten oder dem Falschen Mehltau und müssen infolgedessen weniger gespritzt werden. Auch sind die Abstände zwischen den jeweiligen Spritzintervallen um ein Vielfaches größer als bei konventionellen Rebsorten. Die häufig zu wiederholenden Spritzvorgänge, insbesondere in schwierigen und nassen Jahren wie 2021, und die oft nicht mechanisierbaren steilen Weinbergterrassen wie z. B. in Württemberg führen dazu, dass viele Winzer:innen ihre Weinbergslagen aufgeben müssen. Pflanzenschutz in extrem steilen Weinbergslagen kann nicht nur eine Tortur für den Körper sein, er ist schlicht und ergreifend auch wirtschaftlich in Anbetracht von Lohnkosten und erzieltem Verkaufspreis kaum noch rentabel. Der Anbau von PIWIs schont also nicht nur die Umwelt, sondern kann auch zum Erhalt von Kulturlandschaften beitragen. Wichtig: Bei Weinen aus pilzwiderstandsfähigen Rebsorten handelt es sich nicht automatisch um Weine aus ökologischer und/oder biodynamischer Landwirtschaft.

Lous

PROBIERTIPPS: Solltest du neu im PIWI-Game sein, kann ich dir die Weine vom Weingut Galler aus der Pfalz, vom Weingut Thomas Niedermeyer aus Südtirol oder von Teresa Deufel und Weingut Lanz vom Bodensee empfehlen.

PUNKTESYSTEM: Das Punktesystem ist ein Bewertungssystem, das häufig von Weinkritiker:innen verwendet wird, um die Qualität und den Wert eines Weins zu bestimmen. Es basiert i.d.R. auf einer Skala von 100 Punkten, wobei höhere Punktzahlen eine bessere Qualität und eine höhere Wertigkeit des Weins suggerieren sollen. Das Punktesystem wurde erstmals von dem renommierten Weinkritiker Robert Parker eingeführt und hat sich seitdem als gängige Methode der Weinbewertung etabliert. Bei der Bewertung eines Weins werden verschiedene Faktoren berücksichtigt, wie zum Beispiel das Aussehen, der Geruch und der Geschmack. Jeder Faktor erhält eine bestimmte Anzahl von Punkten, die dann zusammengezählt werden, um die Gesamtpunktzahl des Weins zu ermitteln. Die Bedeutung der Punktzahlen kann je nach Weinkritiker:innen und Publikationen, z.B. Wine Spectator oder Wine Advocat, variieren. Im Allgemeinen gelten Weine mit einer Punktzahl über 90 als hervorragend, während Weine mit einer Punktzahl zwischen 80 und 89 als gut bewertet werden. Weine mit einer Punktzahl unter 80 werden oft als durchschnittlich oder unterdurchschnittlich angesehen. Es ist wichtig, zu beachten, dass die Bewertungen der Weine wie auch der Jahrgänge durch den persönlichen Geschmack der jeweiligen Weinkritiker:innen geprägt sind. Punktesysteme können beim Weineinkauf eine Orientierungshilfe sein. Wenn du Weine nach Punkten einkaufen möchtest, solltest du dich aber vorab informieren, wer die Punkte vergeben hat und welche Stilistik die jeweiligen Weinkritiker:innen präferieren. Die marktbestimmende Rolle von Robert Parker und seinem Punktesystem hat logischerweise dazu geführt, dass sich die Weine einiger Weingüter im Laufe der Zeit stark verändert haben. Um höhere Punktzahlen und positive Bewertungen zu erzielen, haben einige Weingüter ihre Produktion angepasst. Dies führte zu einer gewissen Homogenisierung der Weinstile, da einige Winzer:innen bestrebt waren, den Geschmackspräferenzen von Robert Parker und anderen einflussreichen Weinkritiker:innen gerecht zu werden. Dies führte zu nachhaltigen Diskussionen über den Verlust von Individualität und regionaler Vielfalt (siehe »Terroir«). Weitere Bewertungsschemata sind z. B. das 20-Punkte- und das 5-Punkte-System.

REBENERZIEHUNG: Die Rebe ist ein Lianengewächs und hat das ständige Bedürfnis, nach oben zu wachsen. Damit die Rebe aber nicht ihre ganze Energie in das Wachstum in die Höhe, also in ihre Triebe, investiert (aka vegetatives Wachstum), sondern in die Produktion von qualitativ guten Träubchen (aka generative Leistung), muss sie irgendwie in Schach gehalten werden. Dieses »In-Schach-Halten« erfolgt im Ertragsweinbau mittels sogenannter Erziehungssysteme. Sie ermöglichen nicht nur ein gleichmäßiges Wachstum der Rebe, sondern auch das Arbeiten mit Maschinen. Für welches Erziehungssystem sich Winzer:innen entscheiden, hängt maßgeblich von persönlichen Präferenzen, von der Rebsorte, dem Klima, den regionalen Gegebenheiten und dem angestrebten Ertrag ab. Einige bekannte Erziehungssysteme, von denen du vielleicht schon einmal was gehört hast, sind z. B. die Einzelstockerziehung, die Buscherziehung (aka Gobelet), die Pergola oder das Spaliersystem.

SCHÖNUNG: Die Schönung ist ein Klär- und Stabilisierungsverfahren. Sie dient dazu, den Wein von Trubstoffen zu befreien, und wird auch eingesetzt, um den Wein geschmacklich zu harmonisieren. Dabei werden dem Wein oder dem Most Klär- und/oder Schönungsmittel wie z. B. Bentonit, Erbsenprotein, Hühnereiweiß, Gelatine, Hausenblase (»Fischleim«) oder auch Aktivkohle hinzugefügt. Sie binden Trubstoffe und aromatische Fehlbildungen wie ein Magnet an sich und können auf diesem Weg aus dem Wein oder Most entfernt werden.

SIDEWAYS EFFECT: Dass auch die Weinbranche Trends unterliegt, bewies der Film ›Sideways‹ aus dem Jahr 2004. Der Hauptdarsteller Miles – ein Weinfreak, wie er im Buche steht – wurde von seiner Frau »Merlot« verlassen. Sein gekränktes Ego projiziert er daraufhin auf die Rebsorte und mutiert im Film zum absoluten Merlot-Endgegner. »No, if anyone orders Merlot, I'm leaving. I am NOT drinking any f****** Merlot!« Zeitgleich hyped er die Rebsorte Pinot Noir (aka Spätburgunder). Durch den Film sank der Absatz für Weine aus der Rebsorte Merlot. Gleichzeitig stieg das Interesse für Pinot Noir signifikant an. Dieses Phänomen ist in der Weinbranche als »Sideways Effect« bekannt.

SPUCKEN: Würden wir Verkoster:innen den Wein z. B. auf Weinmessen oder Weinfachverkostungen nicht ausspucken, wären wir ziemlich schnell betrunken. Immer dann, wenn gearbeitet wird, wird auch gespuckt. Punkt! Für die Weinreste gibt es in den Gängen der Weinmessen, an den Präsentiertischen der Produzent:innen, bei Weinproben oder bei Fachverkostungen an jedem Arbeitsplatz die sogenannten Spucker oder auch Spuckis, wie ich sie liebevoll nenne. Von Laien wird oft angezweifelt, dass man mit einem Probierschluck, den man anschließend wieder in einen dafür vorgesehenen Kübel (aka Spucker, Spucki) ausspuckt, einen Wein seriös und demnach fachgerecht beurteilen kann. Tatsächlich aber ist es so, dass sich im Rachen keine Nerven für die Empfindung von Geschmack und Geruch befinden. Konsequentes Spucken ist in unserer Branche unabdingbar, weil Wein eben unser Beruf ist.

STRUKTUR: Der Begriff »Struktur« bezieht sich auf die Gesamtheit der Elemente, die die grundlegende Architektur und das Gleichgewicht eines Weins ausmachen. Die Struktur eines Weins umfasst verschiedene Komponenten wie z. B. Säure, Tannine, Alkohol und Zucker. Die Struktur eines Weins spielt eine wichtige Rolle bei der Bewertung seiner Qualität und bei der Einschätzung seiner Lagerfähigkeit. Sie beeinflusst die Art und Weise, wie der Wein im Mund wahrgenommen wird, sowie seine Fähigkeit, mit Speisen zu harmonieren. Die Struktur eines Weins kann als ausgewogen, kräftig, leicht, schlank, samtig oder auch robust beschrieben werden. Eine ausgewogene Struktur bedeutet, dass die verschiedenen Komponenten des Weins harmonisch miteinander interagieren und kein Element unangenehm dominiert. Die Wahrnehmung der Struktur kann von Person zu Person unterschiedlich sein, da sie von individuellen Vorlieben und Geschmackserfahrungen abhängt.

TERROIR: Das Wort Terroir ist ein Begriff, der in Frankreich geprägt wurde. Frei aus dem Bauch heraus übersetzt heißt Terroir so viel wie »Gegend« oder »Erde« (von lat. terra). Ausgesprochen wird der Zungenbrecher dann in etwa wie »täreh WAHr«. Terroir musst du dir wie einen Kreislauf vorstellen. Er setzt sich aus den Bausteinen Klima, Boden, Lage und Tradition bzw. dem Faktor Mensch zusammen. Wenn Winzer:innen von Terroir sprechen, meinen sie damit, dass der Wein die natürlichen Gegebenheiten einer Region oder Lage perfekt zum Ausdruck bringt. Was erst einmal nach Marketing-Gesabbel klingt, ist bei genauerer Betrachtung aber vollkommen logisch. Schwarzwälder Schinken, Appenzeller Käse oder Beelitzer Spargel – warum schmecken bestimmte Lebensmittel, wie sie schmecken? Weil die Milch der Kuh für den Appenzeller Käse auf einem bestimmten Fleckchen Erde steht, weil die Kuh einem bestimmten Klima ausgesetzt ist und weil sie frisst, was sie im besten Fall schon immer gefressen hat – und weil der Mensch die Milch so verarbeitet, wie er es traditionell schon immer getan hat. Kommen all diese Faktoren zusammen, erhält man ein Produkt mit Typizität. Ein Lebensmittel mit Herkunftscharakter, oder anders formuliert: einen Wein aus einem ganz bestimmten Terroir. Ein Wein, der nur von dort so schmeckt, wie er eben schmeckt.

VEGANER WEIN: Grundsätzlich basiert Wein auf der Verarbeitung von Trauben. Dennoch können bei der Weinbereitung Mittel tierischen Ursprungs eingesetzt werden, beispielsweise zur Schönung oder Stabilisierung von Weininhaltsstoffen. Die Mittel wie z. B. Gelatine, Kasein, Hühnereiweiß oder Hausenblase werden nach der Anwendung üblicherweise wieder rückstandslos durch Filtration entfernt. Ähnlich wie beim Herstellungsprozess anderer Produkte pflanzlichen Ursprungs werden auch bei Wein Insekten mitverarbeitet (aka MOG Matter Other Than Grapes). Was die berechtigte Frage aufwirft, ob Wein überhaupt vegan sein kann. Behandlungsmittel tierischen Ursprungs sind noch nicht vollständig deklarierungspflichtig. Auch gibt es für vegan hergestellte Weine bis dato kein einheitliches Siegel, das beispielsweise auf einer europäischen Gesetzgebung basiert. Viele Winzer:innen setzen deshalb auf Siegel privatrechtlicher Organisationen. Das V-Label ist eine der wenigen international anerkannten und geschützten Marken zur Kennzeichnung vegetarischer und veganer Produkte, darunter auch Wein. Um den Mehrwert von veganen Weinen herauszustellen, erwägen immer mehr Weinproduzent:innen eine offizielle Zertifizierung mit genau diesem Label. Angesichts der Kosten wird die Zertifizierung von vielen Winzer:innen aber in den meisten

Fällen nicht umgesetzt. Daher wird die »Dunkelziffer« von vegan produzierten Weinen auf dem Markt auch wesentlich höher geschätzt. Zudem gibt es etliche Winzer:innen, die schon immer mehr oder minder unbeabsichtigt veganen Wein produziert haben, weil sie noch nie Gebrauch von tierischen Behandlungsmitteln gemacht haben.

WEINSTEIN: Blättrige Kristalle, die sich am Weinflaschenboden und am Korken absetzen können. Dabei handelt es sich in der Regel um die natürliche Ausfällung des Kaliumsalzes der Weinsäure, auch bekannt als Kaliumhydrogentartrat. Weinstein ist kein Qualitätsmangel, hat wenig bis keine Auswirkungen auf den Geschmack eines Weins und ist somit auch kein Grund für Reklamationen.

ZWEITWEIN: Weine, die von renommierten Châteaus bzw. Marken in Bordeaux als Zweitlabel produziert werden. Sie bieten eine zugänglichere und erschwinglichere Alternative zu den teureren Erstweinen und ermöglichen es den Weingütern, ihre Produktion zu erweitern. Zweitweine werden oft aus Trauben von jüngeren Reben oder weniger privilegierten Weinbergslagen hergestellt und bieten die Möglichkeit, den Stil und Charakter eines Châteaus zu erleben ohne gleich ein Vermögen hinblättern zu müssen. Es gibt auch Drittweine. Berühmtes Beispiel: Erstwein; Château Latour, Zweitwein; Château Latour Les Forts ODER Erstwein; Château Palmer, Zweitwein; Alter Ego de Palmer! Und dann gibt es natürlich auch noch die, die sagen: ich trinke keine Zweitweine!

DEUTSCHES WEINRECHT

Bevor ich dir die Reformation des Weinrechts von 2021 im Detail erkläre, schieße ich mir lieber freiwillig ins Knie. Nur so viel: Ausschlaggebend für die Qualität eines Weins in Deutschland war lange Zeit nicht die Herkunft wie z. B. in Frankreich, sondern der Zuckergehalt der Trauben. Mit der Neuregelung ist zukünftig aber nicht mehr das Mindestmostgewicht, sondern die Herkunft der Trauben für die Qualität eines Weins entscheidend. Damit orientiert sich Deutschland am romanischen Modell.

Vereinfacht kannst du dir zukünftig folgenden Satz merken: »Je enger die Herkunft, desto höher auch die Qualität.« Wichtig: Die Prädikate, wie unten erklärt, bleiben von dieser neuen Regelung unberührt. Ja, ich weiß – es ist und bleibt wild.

GUT ZU WISSEN: Die nach romanischem Weinrecht in der EU-Weinmarktordnung von 2009 vereinbarte Einteilung definiert die zunehmende Qualität eines Weins anhand einer immer enger gefassten geografischen Herkunft. Mit der regionalen Zuordnung gehen auch die dort traditionellen Weinbereitungsverfahren und die Auswahl der Rebsorten einher.

TROCKEN, HALBTROCKEN, LIEBLICH & CO.

Mit den Geschmacksrichtungen meint man den Restzuckergehalt eines Weins. Die Restzuckergehalte für Stillweine, also Weine ohne Kohlensäure, sind in der EU einheitlich definiert. Im deutschen Weinrecht unterscheiden wir zunächst zwischen vier offiziellen Geschmacksrichtungen:

- trocken: 0–9 g Restzucker pro Liter
- halbtrocken: 9–18 g Restzucker pro Liter
- lieblich: 18–45 g Restzucker pro Liter
- süß: > 45 g Restzucker pro Liter

Die Angaben beziehen sich auf Stillweine aus Deutschland. Für Schaumweine gelten andere Bestimmungen. Und noch was: Die Geschmacksangabe für Stillwein ist auf deutschen Weinetiketten nicht verpflichtend.

Wenn die Angabe fehlt, handelt es sich oft um einen Wein mit einem erhöhten Restzuckergehalt. In Italien, Spanien & Co. ist es genau umgekehrt: Fehlt die Geschmacksangabe, ist der Wein für gewöhnlich trocken. Ein weiterer Hinweis auf die Geschmacksrichtung kann der Alkoholgehalt geben. Hat der Wein weniger als 10 Vol.-%, handelt es sich mit aller Wahrscheinlichkeit um einen Wein mit Restsüße. Ich weiß, verwirrend. Und wo wir uns gerade schon in die Abgründe des deutschen Weinrechts stürzen: Wie war das noch mal gleich mit feinherb?

Feinherb ist die fünfte, inoffizielle Geschmacksrichtung.

Inoffiziell, weil sie zwar allgegenwärtig, aber im deutschen Weinrecht nicht definiert ist. Ach, was sag ich – sie wird nicht einmal erwähnt. Der Begriff »feinherb« wurde im Jahr 2000/2001 von Winzer:innen der Mosel ins Leben gerufen, da die Vermarktung von als »halbtrocken« und »lieblich« deklarierten Weinen immer schwieriger wurde. Alle schreien nach trocken, aber im Grunde genommen finden wir ein bisschen Restsüße doch ganz geil. Kennste selber, oder? Feinherber Wein schmeckt also weder herb noch trocken, vielmehr ist ein Wein mit der Bezeichnung »feinherb« geschmacklich zwischen halbtrocken und lieblich einzuordnen.

Durch den eingeräumten Spielraum beim Restzuckergehalt von 9–45 g/l und weil feinherber Wein gesetzlich nicht definiert ist, variiert die Restsüße bzw. der Restzucker und damit auch die Stilistik eines feinherben Weins von Region zu Region, Winzer:in zu Winzer:in und Rebsorte zu Rebsorte mitunter sehr stark. Im Durchschnitt bringen feinherbe Weine aber zwischen 15 und 25 Gramm Restzucker pro Liter auf die Waage.

GUT ZU WISSEN: Ein feinherber Wein von sehr guter Qualität, beispielsweise aus der Rebsorte Riesling, schmeckt immer fruchtig-spritzig und herrlich erfrischend. Niemals aber pappig-süß und plump. Ursprünglich ging es den Winzer:innen der Mosel übrigens vor allem um die Vermarktung der Rebsorte Riesling. Heute findest du feinherben Wein, egal ob Weißwein oder Rotwein, aus nahezu jeder Rebsorte.

Weine mit Prädikat wie z. B. Kabinett, Spätlese & Co. galten lange Zeit als die Crème de la Crème, ja als die Champions League der deutschen Qualitätsweine. Dabei ist bei Prädikatsweinen die Qualität nicht an die Herkunft, sondern an das Mindestmostgewicht gekoppelt. Oder vereinfacht formuliert: Je höher der natürliche Zuckergehalt der Trauben zum Zeitpunkt der Lese, desto besser die Qualität und desto höher fällt auch das Prädikat aus.

Die Trauben müssen das Mostgewicht dabei aus eigener Reife erreichen. Das heißt, dass eine Chaptalisierung, also eine künstliche Aufzuckerung, verboten ist. Durch die längere Hängzeit am Stock produzieren die Trauben mehr Zucker, aber auch mehr Aromatiefe. Dieses System der Wertigkeit – und das muss man sich immer ins Gedächtnis rufen – stammt aus einer Zeit, in der es klimatisch fast unmöglich gewesen ist, einen Wein mit Prädikat und demnach einen schmackhaften Wein durch natürliche Reife zu erzeugen. Dass diese Weine qualitativ besser sein sollen als ein durch Aufzuckerung künstlich gereifter und manipulierter Wein, ist also historisch bedingt. Ob und inwieweit es noch Sinn macht, die Qualität eines Weins vom Mindestmostgewicht abhängig zu machen, sei einfach mal dahingestellt. Ich meine, wir haben ja keine Probleme mehr, »reife« Trauben zu ernten. Excuse me, wir haben 2023. Stichwort: Klimawandel!

Hinzu kommt das Problem, dass das Mindestmostgewicht der jeweiligen Prädikate nicht gedeckelt ist. Das heißt, dass nur das Mindest-, aber nicht das Maximalmostgewicht gesetzlich festgelegt ist. Ein Wein mit dem Prädikat Kabinett z. B. muss ein Mostgewicht von mindestens 70 °Oechsle aufweisen, nach oben ist aber keine Grenze gesetzt. Wenn also ein Winzer oder eine Winzerin das Mostgewicht einer Spätlese erreicht, diesen aber nicht als Spätlese, sondern als Kabinett verkaufen möchte, dann kann er oder sie das Prädikat Spätlese einfach auf Kabinett abstufen. Dieser angebliche »Kabinettwein« ist dann aber nicht mehr spritzig, frisch und vibrierend – so, wie er traditionell eigentlich sein sollte. Nein, er wird durch Süße dominiert und macht müde. Deshalb sagen wir in Weinproben zu einem Kabinett auch oft: »Schmeckt wie eine abgestufte Spätlese!« Die traurige Wahrheit ist nämlich, dass Weine mit Prädikat in den seltensten Fällen noch »traditionell typisch« sind. Traurig, weil mit dem Prädikatsweinsystem eigentlich etliche Stilistiken gespielt werden können, die weltweit einmalig sind. Weinkritiker:innen und ihre lustigen Punkte wie z. B. Robert Parker (siehe »Punktesystem«), die die Klasse eines echten Kabinettweins nicht verstehen, tun ein Übriges.

Insgesamt unterscheiden wir zwischen sechs Prädikaten, die traditionell restsüß sind. Weine mit dem Prädikat Kabinett und Spätlese werden von vielen Winzer:innen aber auch trocken oder feinherb ausgebaut. Nachfolgend habe ich dir die Prädikate in aufsteigender Reihenfolge runtergeschrieben:

- Kabinett: reife Trauben
- Spätlese: vollreife Trauben

- Auslese: vollreife Trauben, die bereits teilweise von Edelfäule befallen sein können
- Beerenauslese (kurz BA): vollreife und edelfaule Trauben
- Eiswein: natürlich gefrorene Trauben
- Trockenbeerenauslese (kurz TBA): rosinenartig eingeschrumpfte und edelfaule Trauben

Für mich gibt es nichts Schöneres als ein »Old School«-Kabinettchen. Einen Kabinett, wie ihn meine Großeltern in den 70er-Jahren gebechert – äh, gegläsert haben. Mit lässigen 70 °Oechsle und maximal 8,5 Umdrehungen. Saftig, spritzig und frisch. Diese ursprünglichen und klassischen Kabinettweine finde ich großartig und vergleiche sie geschmacklich gerne mit einer Limonade für Erwachsene.

Meiner Meinung nach entstehen die besten Prädikatsweine übrigens immer aus der Rebsorte Riesling. Der Grund ist relativ simpel: Säure. Grauburgunder Spätlese? Nichts für ungut, aber das Zeug schmeckt doch wie Zuckerguss, bei dem man den Zitronensaft mit Wasser verwechselt hat. Weine mit Prädikat eignen sich übrigens hervorragend zu Gerichten der vietnamesischen, taiwanesischen oder chinesischen Küche. Denn je schärfer das Gericht ist, desto süßer darf auch der Wein sein. Die natürliche Süße der Weine legt sich nämlich wie ein Feuerschutzmantel auf die Zunge und bremst zwar die Schärfe, nicht aber das Aromenspektrum des jeweiligen Gerichts aus. Das sind Kombinationen, die einfach richtig Spaß machen, weil sie funktionieren. Wobei ich die üppigen »Restaurationsschnittchen« meiner Oma zu einem Kabinett jedem vietnamesischen Papaya-Mango-Salat vorziehen würde.

Lous

PROBIERTIPPS: Weingut Willi Schäfer, Weingut Randolf Kauer, Weingut Frank Brohl, Weingut Fetz, Weingut Später-Veit, Weingut Dr. Loosen, Weingut Forstmeister Geltz Zilliken, Weingut Knebel, Weingut Rita & Rudolf Trossen, Weingut Julian Haart, Weingut Clemens Busch, Weingut Egon Müller, Weingut Maximin Grünhaus – Weingut der Familie von Schubert, Weingut Gunderloch, Weingut Diel

DIE VDP-KLASSIFIKATION

Die Abkürzung VDP steht für »Verband Deutscher Prädikatsweingüter«. Der Weinbauverband, gegründet 1910, betitelt sich selbst gerne als die qualitative Speerspitze des deutschen Qualitätsweinbaus und vereint unter seinem Dach ca. 200 Weingüter aus den 13 Weinanbaugebieten Deutschlands. Darunter Top-Weingüter wie Egon Müller oder Weingut Joh. Jos. Prüm. Die privatrechtliche VDP-Klassifikation des Verbands Deutscher Prädikatsweingüter klingt im ersten Moment vielleicht etwas kompliziert, beruht im Grunde genommen aber auf einem sehr einfachen Prinzip: je enger die Herkunft, desto höher die Qualität.

Die Trauben für alle Weine, die den VDP.Adler auf der Flaschenkapsel tragen, egal aus welcher Qualitätsstufe, müssen immer von weingutseigenen Weinbergen stammen. Dabei besteht die Klassifikation bzw. die Qualitätspyramide aus vier Stufen. Die VDP.GUTSWEINE® bilden die Basis. Sie sind Einstiegsweine der jeweiligen Region für jeden Tag. Ihnen folgt der VDP.ORTSWEIN®, bei dem die Trauben von besten Weinbergslagen innerhalb eines Ortes stammen. Auf der dritten Stufe steht die VDP.ERSTE LAGE®. Die Trauben – wie bereits der Name erahnen lässt – stammen hier von klar abgegrenzten und stets individuellen Lagen in puncto Bodenbeschaffenheit, Ausrichtung & Co. Trockene Weine aus ersten Lagen heißen VDP.ERSTES GEWÄCHS® und sind mit 1G gekennzeichnet. Die VDP. GROSSE LAGE® ist die höchste Stufe des VDP-Klassifikationsmodells – die Trauben für diese Weine stammen von mitunter weltberühmten Weinbergslagen in Deutschland. Trockene Weine aus Großen Lagen heißen VDP.GROSSES GEWÄCHS® und sind mit GG gekennzeichnet. Weißweine der Kategorie VDP.GROSSES GEWÄCHS® kommen frühestens ein Jahr nach der Weinlese – i.d.R. immer am 1. September – auf den Markt, Rotweine frühestens nach zwei Jahren.

GUT ZU WISSEN: Erste und Große Gewächse gibt es nur trocken (siehe »Trocken, halbtrocken, lieblich & Co.«) ausgebaut. Weine aus Ersten oder Großen Lagen, die frucht- oder edelsüß ausgebaut worden sind, tragen die klassischen Prädikate Kabinett, Spätlese & Co.

WINZER:INNENGENOSSENSCHAFTEN

Eine Winzer:innengenossenschaft ist im Prinzip nichts anderes als ein Zusammenschluss von Winzer:innen, die ihre produzierten Trauben gemeinsam verarbeiten und den Wein schlussendlich auch gemeinsam vermarkten. Solche Genossenschaften gibt es überall auf der Welt – ob die KVW in Südafrika, die Domäne Wachau in Österreich oder die Winzer:innengenossenschaft Mayschoß-Altenahr, die nebenbei zu den ältesten in Deutschland gehört. Ja, selbst in Südtirol entfallen knapp 80 % der Gesamtproduktion auf Kellereien. Die Winzer:innen, die ihre Trauben liefern, sind nicht selten zu klein strukturiert, als dass sich die eigene Verarbeitung der Trauben und die Vermarktung der Weine in Anbetracht der erzielten Verkaufserlöse rechnen würden. Viele Winzer:innengenossenschaften kämpfen bis heute mit dem Image »billige Massenware«. Natürlich ist der Geschmack der Weine oft auf die breitere Masse ausgelegt – sie sind sauber und modern produziert. Völlig legitim, wenn du mich fragst. Dass Weine von Winzer:innengenossenschaften aber gänzlich ungenießbar und »gepanscht« sind, ist kompletter Blödsinn. Genauso wie bei »normalen« Weingütern, so gibt es auch bei Winzer:innengenossenschaften oft große qualitative Unterschiede. Diese Genossenschaften erfüllen, so finde ich, sogar eine bedeutungsvolle Aufgabe. Mit ihren Veranstaltungsprogrammen und öffentlichen Verkostungsmöglichkeiten nehmen sie Konsument:innen, also die Weinzivilist:innen, an die Hand und führen sie an das Thema Wein barrierefrei heran. Eine der ersten Weinproben, an denen ich teilgenommen habe, war bei einer Winzer:innengenossenschaft in der Ortenau. Damals zusammen mit meiner Mama. Ich war gerade 16 Jahre alt geworden – und, meine Herren, was hatten wir für eine Gaudi!

KLEINE ETIKETTENKUNDE

Im Grunde genommen gibt es genau drei Möglichkeiten, einen Wein zu etikettieren. Nach der Rebsorte, mit einem Fantasienamen oder nach der Herkunft. Steht die Rebsorte wie z. B. Spätburgunder, Pinot Grigio oder Merlot auf dem Etikett, dann müssen in Europa auch mindestens 85 % davon enthalten sein.

Bei Weinen, die mit einem Fantasienamen etikettiert werden, z. B. »Black Print« oder »Höhenrausch«, handelt es sich in der Regel um Verschnitte aus mehreren Rebsorten, um eine Sonderabfüllung (z. B. für ein Restaurant oder Weinfachgeschäft), um eine Marke oder um die Einstiegslinie eines Weinguts. Nicht selten kommen die Trauben für diese Weine nicht von weingutseigenen Weinbergen, sondern werden zugekauft.

Die Königsdisziplin ist es, Weinetiketten zu verstehen, die nach einem Herkunftsgebiet, also der Appellation, etikettiert werden. Welche Rebsorte sich hinter der Herkunft versteckt, ist auf dem Etikett nämlich nicht ersichtlich. Diese Art der Etikettierung ist für Länder wie Frankreich, Italien und Spanien typisch. Dabei steht die Herkunft nicht nur für eine bestimmte Rebsorte, sondern auch für eine eigene Stilistik. Dass sich hinter der Herkunft Chablis die Rebsorte Chardonnay, hinter Barolo die Rebsorte Nebbiolo und hinter Rioja die Rebsorte Tempranillo versteckt, muss man einfach stupide auswendig lernen. Weitere Angaben auf deutschen Weinetiketten sind z. B. der Name des Weinguts oder der Winzer:innengenossenschaft, die Füllmenge, der Jahrgang, die Geschmacksangabe, der Zusatz »enthält Sulfite«, der Alkoholgehalt oder die Amtliche Prüfungsnummer (aka A.P.-Nr.). Einige Angaben sind obligatorisch, andere wiederum sind freiwillig.

GUT ZU WISSEN: Findest du auf deutschen Weinetiketten die Angabe »Guts-« oder »Erzeugerabfüllung«, handelt es sich – einfach formuliert – um Wein aus Trauben von den gutseigenen Weinbergen. Steht hingegen »Abfüller« auf dem Etikett, besteht der Wein aus vom Weingut zugekauften Trauben oder aus zugekauftem Grundwein.

LOUS KLEINES ETIKETTEN-GLOSSAR FÜR FRANKREICH

- **AOP:** Die Appellation d'origine protégée oder kurz AOP ist die höchste Stufe des französischen Qualitätsweinprinzips und besagt einfach zusammengefasst Folgendes: »Je enger die Herkunft, desto besser die Qualität!« Alle AOP-Weine müssen aus klar definierten geografischen Gebieten stammen und strenge Anforderungen beim An- und Ausbau der Weine erfüllen.
- **BLANC:** weiß
- **CAVE:** Genossenschaft
- **CHÂTEAU:** Bezeichnung für ein Weingut in Bordeaux

- **DOMAINE:** Bezeichnung für z. B. ein Weingut im Burgund
- **GRAND CRU:** Wein aus einer bestimmten Parzelle, die normalerweise innerhalb einer berühmten Weinbergslage, also einer ersten Lage, liegt. Grands Crus sind sozusagen das Filetstück der ersten Lagen und werden auch als Große Lagen bezeichnet. Die Große Lage gilt im Burgund als die qualitative Spitze.
- **MÉTHODE CHAMPENOISE:** Auch Méthode Traditionelle oder Méthode Classique. Bezeichnung für einen Schaumwein aus Frankreich, der mittels der klassischen Flaschengärung hergestellt wurde.
- **MIS EN BOUTEILLE AU CHÂTEAU, MIS EN BOUTEILLE AU DOMAINE ODER MIS EN BOUTEILLE À LA PROPRIÉTÉ:** Ist in etwa gleichzusetzen mit der Angabe Guts- oder Erzeugerabfüllung auf deutschen Weinetiketten.
- **NÉGOCIANT:** Händler:in, der bzw. die Wein einkauft und abfüllt
- **PREMIER CRU:** Wein aus teilweise sehr berühmten Weinbergslagen. Diese Lagen werden auch als Erste Lagen bezeichnet.
- **RÉCOLTANT:** Winzer:in
- **RÉCOLTE:** Jahrgang
- **ROUGE:** rot
- **VIEILLES VIGNES:** Wein aus alten Reben
- **VIN DE SOIF (AKA GLOU GLOU ODER EASY DRINKING):** gehobener Saufwein, Wein auf hohem Niveau mit ordentlichem Trinkfluss oder auch durstlöschender Wein

LOUS KLEINES ETIKETTEN-GLOSSAR FÜR ITALIEN

- **ABBOCCATO:** halbtrocken
- **ANNATA:** Jahrgang
- **APPASSIMENTO (AKA AMARONE-VERFAHREN):** Methode zur Produktion von Süßweinen oder alkoholstarken Rotweinen, die durch eine merkliche Fruchtsüße geprägt sind wie z. B. Amarone della Valpolicella oder Sfursat (Sforzato) di Valtellina. Dabei werden die Trauben über mehrere Wochen oder Monate getrocknet, wodurch das in der Beere enthaltene Wasser verdunstet und sich die übrigen Inhaltsstoffe, darunter Zucker und weitere geschmacksgebende Stoffe, auf natürliche Art und Weise konzentrieren.
- **CANTINA:** Steht für eine Kellerei bzw. Genossenschaft, je nach Region meint man damit aber auch ein Weingut.
- **CHIARETTO:** Bezeichnung für einen Roséwein aus Bardolino in Italien. Er muss mittels der Direktpressung erzeugt werden und besteht genauso wie der Rotwein »Bardolino« zumeist aus den Rebsorten Rondinella, Corvina und Molinara.
- **CLASSICO:** Bezeichnung für einen traditionell bzw. typisch hergestellten Wein aus einem historischen Kerngebiet einer Weinregion, die innerhalb der DOP liegt. Um den Zusatz »Classico« auf dem Etikett tragen zu dürfen, müssen bestimmte Mindestanforderungen hinsichtlich Anbau und Ausbau der Weine erfüllt werden.
- **DOLCE:** süß

- **DOP:** Die Denominazione di Origine Protetta oder kurz DOP ist die höchste Stufe des italienischen Qualitätsweinprinzips und besagt einfach zusammengefasst Folgendes: »Je enger die Herkunft, desto besser die Qualität!« Alle DOP-Weine müssen aus klar definierten geografischen Gebieten stammen und strenge Anforderungen beim An- und Ausbau der Weine erfüllen. Die italienische Qualitätsweinpyramide, von unten nach oben, ist wie folgt aufgeteilt: Vino (Tafelwein), Indicazione Geografica Protetta oder Indicazione Geografica Tipica, kurz IGP oder IGT (Landwein), Denominazione di Origine Controllata, kurz DOC (Qualitätsweine mit kontrollierter Herkunft) und DOCG Denominazione di Origine Controllata e Garantita (Qualitätswein mit kontrollierter und garantierter Herkunft).
- **FRIZZANTE:** Bezeichnung für Perlwein
- **METODO CLASSICO (AKA METODO TRADIZIONALE):** Bezeichnung für einen Schaumwein aus Italien, der mittels der klassischen Flaschengärung erzeugt wurde.
- **RECIOTO:** Name für Süßweine aus Venetien, die aus getrockneten Trauben hergestellt wurden.
- **RIPASSO:** ital. für Wiederholung, erneuter Durchgang. Ein Verfahren, bei dem durchgegorenem, also »fertigem« Rotwein nochmals der Trester oder getrocknete Beeren zugegeben werden, um eine zweite Gärung einzuleiten. Dadurch kommt es zu einer Intensivierung der Farbe und des Geschmacks. Ein bekannter Vertreter dieses Herstellungsverfahren ist z. B. der Valpolicella Ripasso.
- **RISERVA:** Bezieht sich auf die Reifezeit der Weine im Gär-

behälter, z. B. im Kleinholzfass, und die anschließende Reifezeit in der Flasche vor Markteintritt. Die vorgeschriebene Dauer variiert in Italien von Region zu Region.

- **SECCO:** trocken
- **SPUMANTE:** Bezeichnung für Schaumwein
- **SUPERIORE:** betrifft höhere Mostgewichte und/oder längere Reifezeiten
- **SUPERTUSCAN (AKA SUPERTOSKANER):** Oft auch als »französisch inspiriert« oder »Bordeaux-Kopie« bezeichnet. Hierbei handelt es sich um Rotweine aus der Toskana, ursprünglich aus Bolgheri, die vornehmlich aus internationalen Rebsorten wie Merlot, Cabernet Sauvignon, Cabernet Franc, Syrah und teilweise auch Sangiovese gekeltert und im Barrique ausgebaut werden und die sich im Allgemeinen mehr über die Herstellungsweise als über die Herkunft definieren. Einige der bekanntesten Supertoskaner sind z. B. Tignanello, Sassicaia und Ornellaia.
- **TENUTA:** Weingut
- **VENDEMMIA:** Weinlese
- **VIGNA ODER VIGNETO:** Bezeichnung für einen Weinberg oder eine Weinbergslage

LOUS KLEINES ETIKETTEN-GLOSSAR FÜR SPANIEN

- **AÑO:** Jahr
- **BLANCO:** weiß
- **BODEGA:** Weingut
- **CRIANZA, RESERVA UND GRAN RESERVA:** Bezieht sich auf die Reifezeit der Weine im Kleinholzfass und die anschließende Reifezeit in der Flasche vor Markteintritt. Man findet diese Angabe vornehmlich auf Weinetiketten aus den spanischen Weinanbaugebieten Rioja und Ribera del Duero. Dabei ist die Dauer der Reifezeit bei Rotwein in der Regel immer länger als bei Weiß- und Roséwein. Ein roter Rioja mit dem Zusatz »Gran Reserva« beispielsweise muss vor Markteintritt für mindestens 5 Jahre reifen, davon mindestens 2 Jahre im Holzfass und mindestens 2 Jahre auf der Flasche. Bei Weiß- und Roséweinen aus Rioja mit dem Zusatz »Gran Reserva« sind es ebenfalls 5 Jahre, aber davon nur mindestens 6 Monate im Holzfass.
- **DOP:** Die Denominación de Origen Protegida oder kurz DOP ist die höchste Stufe des spanischen Qualitätsweinprinzips und besagt einfach zusammengefasst Folgendes: »Je enger die Herkunft, desto besser die Qualität!« Alle DOP-Weine müssen aus klar definierten geografischen Gebieten stammen und strenge Anforderungen beim An- und Ausbau der Weine erfüllen. Die spanische Qualitätsweinpyramide, von unten nach oben, ist wie folgt aufgeteilt: Vino de Calidad con Indicación Geográ-

fica (VCIG), Denominación de Origen (DO), Denominación de Origen Calificada (DOCa) – es gibt übrigens nur zwei Anbaugebiete mit DOCa-Status, Rioja und Priorat, danach folgen Vino de Pago und Vino de Finca.

- **DULCE:** süß
- **ESPUMOSO:** Schaumwein
- **ROSADO:** rosé
- **SECO:** trocken
- **TINTO:** rot
- **VENDIMIA (AKA COSECHA):** Weinlese bzw. Jahrgang
- **VINA:** Weinberg
- **VINO DE FINCA:** Sie bilden die Spitze des spanischen Qualitätsweinsystems.
- **VINO DE PAGO:** Damit sind einzelne klassifizierte Weinbergslagen gemeint, welche die Vorstufe der qualitativen Spitze sind.

SPICKZETTEL: HINTER WELCHER HERKUNFT VERSTECKT SICH WELCHE REBSORTE?

Nachfolgend habe ich dir einen Spickzettel mit einigen der wichtigsten Herkünfte und Rebsorten, unterteilt in Weiß- und Rotwein, für deinen nächsten Restaurantbesuch oder Weineinkauf zusammengefasst:

Weißwein

– WEISSWEIN AUS FRANKREICH –

Herkunft	Rebsorte
Anjou	Chenin Blanc
Saumur Blanc	Chenin Blanc
Savennières	Chenin Blanc
Vouvray	Chenin Blanc
Coteaux du Layon	Chenin Blanc
Aloxe Corton	Chardonnay
Bourgogne Blanc	Chardonnay
Chablis	Chardonnay
Chassagne-Montrachet	Chardonnay
Mâcon	Chardonnay
Puligny-Montrachet	Chardonnay
Meursault	Chardonnay
Montagny	Chardonnay
Pouilly Fuissé	Chardonnay
Pouilly-Fumé	Sauvignon Blanc
Menetou-Salon	Sauvignon Blanc
Sancerre	Sauvignon Blanc
Condrieu	Viognier
Crozes Hermitage	Roussanne, Marsanne
Muscadet, Muscadet Sèvre et Maine und Muscadet Sèvre et Maine sur Lie	Melon Blanc
Saint-Joseph	Roussanne, Marsanne

— WEISSWEIN AUS SPANIEN —

Herkunft	Rebsorte
Katalonien	Macabeo, Parellada, Xarel·lo
La Mancha	Airén
Rioja	Viura
Rueda	Verdejo

— WEISSWEIN AUS ITALIEN —

Herkunft	Rebsorte
Gavi	Cortese
Roero	Arneis
Soave	Garganega
Lugana	Turbiana

Rotwein

– ROTWEIN AUS FRANKREICH –

Herkunft	Rebsorte
Aloxe Corton	Pinot Noir
Sancerre	Pinot Noir
Volnay	Pinot Noir
Vosne-Romanée	Pinot Noir
Chambolle-Musigny	Pinot Noir
Auxey-Duresses	Pinot Noir
Fixin	Pinot Noir
Gevrey-Chambertin	Pinot Noir
Menetou-Salon	Pinot Noir
Mercurey	Pinot Noir
Morey-Saint-Denis	Pinot Noir
Nuits-Saint-Georges	Pinot Noir
Pommard	Pinot Noir
Cornas	Syrah
Côte-Rôtie	Syrah
Crozes Hermitage	Syrah
Hermitage	Syrah
Saint-Joseph	Syrah
Châteauneuf-du-Pape	Grenache, Syrah, Mourvèdre
Anjou	Cabernet Franc
Chinon	Cabernet Franc

— ROTWEIN AUS SPANIEN —

Herkunft	Rebsorte
Bierzo	Mencía
Jumilla	Monastrell
Yecla	Monastrell
Priorat	Garnacha, Cariñena
Rioja	Tempranillo, Garnacha
Ribera del Duero	Tempranillo
Toro	Tempranillo
Valdepeñas	Tempranillo

— ROTWEIN AUS ITALIEN —

Herkunft	Rebsorte
Barbaresco	Nebbiolo
Barolo	Nebbiolo
Langhe	Nebbiolo
Roero	Nebbiolo
Brunello di Montalcino	Sangiovese
Chianti	Sangiovese
Rosso di Montalcino	Sangiovese
Rosso di Montepulciano	Sangiovese
Vino Nobile di Montepulciano	Sangiovese
Bardolino	Corvina, Rondinella, Molinara
Amarone della Valpolicella	Corvina, Rondinella, Molinara
Recioto della Valpolicella	Corvina, Rondinella, Molinara
Valpolicella	Corvina, Rondinella, Molinara

FLASCHEN, VERSCHLUSS-ARTEN & ALTERNATIVEN

FLASCHENFORMEN

Ausnahmen bestätigen die Regel, aber auch die Flaschenform kann dir Aufschluss über den Inhalt geben. Man unterscheidet grob genommen zwischen der klassischen Bordeauxflasche, der Burgunder- oder auch Rhôneflasche und der Schlegelflasche. Traditionell wurde die Bordeauxflasche – wie der Name schon vermuten lässt – vorzugsweise mit Weinen aus den Rebsorten Cabernet Sauvignon, Merlot oder auch Cabernet Franc, also kräftigeren Rotweinen, gefüllt. Die Burgunderflasche hingegen findet oft Verwendung für Sorten wie z. B. Chardonnay, Weißburgunder, Grauburgunder, Spätburgunder oder auch Syrah. Die Schlegelflasche wiederum ist in Deutschland, Österreich und in großen Teilen des Elsass eine weitverbreitete Flaschenform für die Rebsorten Riesling, Grüner Veltliner oder beispielsweise Gewürztraminer.

VERSCHLUSSARTEN

Es gibt etliche Verschlussarten für Wein. Egal ob gestanzter Standardkorken, Naturkorken aus der Korkrinde, Synthetikkorken aus Kunststoff, Diam-Korken, Presskorken, Schraub- oder Glasverschluss. Zu den verschiedenen Verschlussarten gibt es diverse wissenschaftliche Versuche und Arbeiten. Und so viel lässt sich sagen: Alle Verschlussarten haben ihre Daseinsberechtigung und alle Verschlussarten haben ihre Vor- und Nachteile. Nicht zuletzt zählen auch die persönlichen Präferenzen und Erfahrungen, die jedes einzelne Weingut macht. Was für den einen Betrieb funktioniert, muss nicht zwangsläufig für den anderen funktionieren. Und auch wenn hochpreisige Weine und Schraubverschlüsse für viele Weinkonsument:innen im Kopf nicht zusammenpassen: Ein Wein mit einem Korkverschluss ist nicht gleich der bessere Wein. »Guten« und »schlechten« Wein gibt es mit jeder Verschlussart.

GUT ZU WISSEN: Irrtümlicherweise wird oft behauptet, dass es sich beim Schraubverschluss um die nachhaltigere Verschlussart handelt, dabei ist es der Korken, der die bessere CO_2-Bilanz aufweist. Das liegt darin begründet, dass die Korkeiche, deren größte Bestände wir in Portugal und Andalusien finden, ein nachwachsender Rohstoff ist und CO_2 aus der Luft bindet, indem die Korkrinde Kohlendioxid für das Wachstum einlagert.

FLASCHENGRÖSSEN

Falls du demnächst bei »Wer wird Millionär?« hocken und dich krampfhaft fragen solltest, wie viel Wein eigentlich eine Nebukadnezar-Flasche fassen kann, habe ich dir nachfolgend alle Flaschengrößen und ihr Fassungsvermögen aufgeschrieben:

- Piccolo 0,25 l
- Bouteille 0,75 l
- Magnum 1,5 l
- Jeroboam (aka Doppelmagnum) 3 l
- Methusalem (aka Impériale) 6 l
- Salmanazar 9 l
- Balthazar 12 l
- Nebukadnezar 15 l
- Goliath 18 l
- Salomon 20 l

ALTERNATIVE VERPACKUNGSMATERIALIEN

Auch alternative Verpackungsmaterialien wie z. B. Tetrapak, Bag-in-Box, Weinbeutel, Leichtglasflaschen oder Aluminiumdosen werden mit Blick auf den Klimawandel für viele Produzent:innen immer oder wieder interessanter. Denn anders als bei Wasser, Bier & Co. gibt es für Wein bis dato noch kein einheitliches Mehrwegsystem. Über die Hälfte des Wein-CO_2-Fußabdrucks, und das muss man sich mal geben, entfällt auf das Gewicht der Weinflasche. Solange Verbraucher:innen davon überzeugt sind, dass es sich bei einer schwereren Weinflasche auch automatisch um einen besseren Wein handelt, hat die Weinbranche ein massives Problem. Und auch Weingüter, die mit einer nachhaltigen, ökologischen oder biodynamischen Bewirtschaftungsweise werben, ihren Wein aber aus vermarktungstechnischen Gründen in sehr schwere Flaschen füllen, sollten wir als Verbraucher:innen kritisch hinterfragen. Dabei handelt es sich nicht selten um so 1- bis 1,5-Kilo-Bomber – Leergewicht, wohlgemerkt! Dementsprechend ist es kaum verwunderlich, dass immer mehr Weinkritiker:innen nicht nur den Wein, sondern auch seine Verpackung bewerten oder beanstanden. Mittlerweile gibt es wieder vermehrt Winzer:innen, die auf Bag-in-Box oder z. B. einen Weinbeutel setzen. Insbesondere für Weine im Preiseinstiegsbereich, also für Weine, die nicht für die Lagerung, sondern für den baldigen Konsum konzipiert sind, finde ich diese alternativen Verpackungen großartig. Ob beim Picknick, beim Campen oder bei der nächsten Garten- oder Küchenparty – weniger Gewicht, weniger Leergut und besser fürs Klima! Bedingt durch das Vakuum bleibt der Wein nach dem Öffnen auch noch über mehrere Wochen frisch. Das Prinzip von Wein in Schläuchen ist in Norwegen, den USA oder in vielen Teilen Australiens ein alter Hut und per se kein Indiz für »Billo-Wein«. Dass wir einen Wein aus Flaschen als hochwertiger empfinden als einen Wein aus z. B. dem Karton, passiert in unseren Köpfen. Zugegebenermaßen ist die Anzahl der Winzer:innen in Deutschland, die qualitativ gute Weine im Schlauch anbieten, verschwindend gering. Schade!

Lous

PROBIERTIPPS: Weingut Rebenhof (Inh. Hartmut Aubell), Pouch Wildmark vom Weingut Katharina Wechsler und Weingut Kai Schätzel, Maximin Grünhaus – Weingut der Familie von Schubert, Djuce Wines

REBSORTEN

TOP 10 – DIE MEISTANGEBAUTEN REBSORTEN DER WELT

Ein paar Fakten aus der Kategorie »Unnützes Weinwissen«, aber damit du es einmal gehört hast: 2021 wurde die weltweite Rebfläche für alle Verwendungszwecke, also nicht nur Wein, sondern auch Saft, Tafeltrauben und getrocknete Weintrauben, einschließlich der noch nicht im Ertrag stehenden Rebfläche, auf 7,3 Millionen Hektar geschätzt. Davon entfallen 3,3 Millionen Hektar auf die EU. Die größte bestockte Rebfläche weltweit entfällt mit 964 000 Hektar auf Spanien. Und die größten Weinerzeuger weltweit sind Italien, Frankreich und Spanien. Aber genug mit der Vorlesung »Weinmärkte der Welt« – let's talk grapes! Nachfolgend findest du die meistangebauten Rebsorten der Welt:

- Cabernet Sauvignon
- Merlot
- Tempranillo
- Airén
- Chardonnay
- Syrah (aka Shiraz)
- Grenache Noir (aka Garnacha)
- Sauvignon Blanc
- Pinot Noir (aka Spätburgunder, Pinot Nero)
- Trebbiano Toscano (aka Ugni Blanc)

GUT ZU WISSEN: Ein Hektar (ha) entspricht 10 000 m^2 – oder bildlich gesprochen 1,5 Fußballfeldern. Hektar ist die Maßeinheit, mit der wir Weinbaubetriebe, Weinanbaugebiete und Weinanbauländer innerhalb der Weinbranche vergleichen. Die Größe eines Weinguts sagt, anders als oft behauptet, erst mal rein gar nichts über die Qualität eines Weins aus. Es gibt 100-Hektar-Betriebe, die qualitativ bessere Weine produzieren als 2-Hektar-Betriebe – und umgekehrt! Klein ist kein Synonym für herausragend und groß kein Synonym für beschissen.

DIE WICHTIGSTEN REBSORTEN UND IHRE CHARAKTERISTIK

Weltweit gibt es Tausende Rebsorten, die in weiße und in rote Rebsorten eingeteilt werden. In der Weinwelt unterscheiden wir zudem zwischen autochthonen und internationalen Rebsorten. Autochthone Rebsorten wie z. B. Assyrtiko (Griechenland), Palomino Fino (Spanien, Andalusien) oder Grillo (Italien, Sizilien) sind Rebsorten, die in einem bestimmten Land oder in einer bestimmten Region beheimatet sind und dort verstärkt angebaut werden. Internationale Rebsorten hingegen wie z. B. Chardonnay, Pinot Noir oder Sauvignon Blanc werden weltweit angebaut und sind den meisten Verbraucher:innen bekannt.

Nachfolgend findest du einen Überblick über die meiner Meinung nach wichtigsten Rebsorten inkl. Probiertipps. Wie sich der Wein schlussendlich bei dir im Glas präsentiert und über welche aromatische Ausprägung er verfügt, hängt immer von der Herkunft sowie dem An- und Ausbau der Rebsorte sowie der jeweils angestrebten Stilistik der Winzer:innen ab.

WEISSE REBSORTEN

CHARDONNAY

Chardonnay ist nicht nur eine der beliebtesten, sondern auch eine der meistangebauten weißen Rebsorten der Welt. Man findet sie in nahezu jedem Weinanbauland und jedem Weinanbaugebiet. Beliebt deshalb, weil Chardonnay eine relativ verhaltene Aromatik aufweist und daher ein hervorragender Terroir-Transporteur sein kann. Die Rebsorte ist also fähig, ihre jeweilige Herkunft besonders gut zum Ausdruck zu bringen. Gleichzeitig kann man mit ihr auch so einiges im Keller anstellen – ob Voll- oder Feinhefelager, BSA (aka biologischer Säureabbau), Kleinholzausbau oder Versektung. Der Stil eines Chardonnays ist also sehr stark von der Herkunft sowie vom jeweiligen An- und Ausbau der Rebsorte abhängig. Aus diesem Grund sprechen wir bei Chardonnay auch oft über zwei grundlegende Stilistiken: Chardonnay, der im Holz ausgebaut wurde (»Oaked«), z. B. Meursault, und Chardonnay, der nicht im Holz ausgebaut wurde (»Unoaked«), z. B. Chablis. Als charakteristisch empfinde ich bei Chardonnay den Duft – mal reif, mal unreif – nach Ananas. Aber auch Zitrone, Apfel und Sternfrucht. Und, wenn plakativ im Keller gespielt, nach Buttertoast und Vanille. In meiner Interpretation sind gute Chardonnays nie fett und plump, sondern weisen immer eine sehr feingliedrige, selten aber spitze Säure auf. Dazu kommt ein angenehmer Schmelz, so was Anschmiegsames – und häufig eine sehr appetitanregende und durstmachende Salzigkeit.

Lous

PROBIERTIPPS: DuMOL, Ceritas, Sandhi Wines, Hubert Lamy, Domaine Leflaive, Pierre-Yves Colin-Morey, Pierre Girardin, Weingut Velich, Weingut Huber, Domaine Sylvain Pataille, Jean-Marc & Thomas Bouley, Radio-Coteau, Seehaldenhof, Domaine de Chassorney, Domaine Valette, Domaine Lamy-Caillat, Domaine Bernard-Bonin, F. & F. Peters, Domaine Roulot, Kutch Wines, Weingut Alois Lageder, Weingut Franz Keller, Domaine Raveneau, Domaine Stéphane Tissot, Domaine Vincent Dauvissat, Domaine J.-F. Coche-Dury, Weinbau Christoph Polz, Weingut Ökonomierat Rebholz, Creation Wines, Ridge Vineyards

SAUVIGNON BLANC

Sauvignon Blanc ist definitiv eine der wichtigsten Rebsorten, gehört aber einfach nicht zu meinen liebsten. Ich bin kein Fan von Aromabombern, da sie sich bis auf wenige Ausnahmen immer Kim-Kardashian-like in den Vordergrund stellen müssen und einfach schnell »satt« machen. Sauvignon Blanc gehört, ähnlich wie z. B. Scheurebe, Gewürztraminer oder Gelber Muskateller, zu den Aroma- oder auch Bukettrebsorten. Sie zeichnen sich alle durch ein stets individuelles, aber sehr markantes Aromenspektrum aus. Bei Sauvignon Blanc dominieren zwei wichtige Aromastoffe. Der sortentypische Geruch nach grünen Bohnen, Brennnessel, grüner Paprika, frisch geschnittenem Gras, Spargel oder auch Stachelbeere wird durch den Aromastoff Methoxypyrazin hervorgerufen. Für den Duft nach Passionsfrucht, Grapefruit, Cassis bis hin zu Katzenpipi und Schweiß sind hingegen die Thiole verantwortlich. Die aromatische Ausprägung von Methoxypyrazin und Thiolen lässt sich neben kellertechnischen Verfahren maßgeblich durch den Lesezeitpunkt und ganz besonders durch die Entblätterung der Laubwand in der Traubenzone steuern. Beide Stoffe sitzen nämlich in der Beerenschale und reagieren sehr empfindlich auf Licht. Wird viel entblättert, liegt die Traubenzone frei und die Produktion von Thiolen wird angekurbelt. Wird wenig entblättert, ist die Traubenzone vor Sonneneinstrahlung geschützt und Methoxypyrazin dominiert.

Sauvignon Blanc wird nahezu auf der ganzen Welt angebaut. Regionen, aus denen besonders bekannte Exemplare mit einer ganz eigenen Stilistik stammen, sind z.B. Bordeaux und die Loire in Frankreich, die Südsteiermark in Österreich, Stellenbosch in Südafrika und Marlborough in Neuseeland. Typisch sind eine prägnante Säurestruktur und – je nach Herkunft sowie An- und Ausbau – der Duft von Stachelbeere, grüner Paprika, Brennnessel, Grapefruit, Zitrusfrüchten im Allgemeinen wie z.B. auch Limette, Passionsfrucht, Lakritz, nassem Stein und abgebrannten Streichhölzern. Trommel dir am besten mal deine Weinbuddies zusammen und veranstalte eine kleine Sauvignon-Blanc-Weinprobe in geselliger Runde. Die stilistischen Unterschiede der jeweiligen Herkünfte werden euch aus den Latschen hauen.

Lous

PROBIERTIPPS: Weingut Tement, Domaine Ciringa, Weingut LacknerTinnacher, Weingut Sattlerhof, Weingut Gross, Weingut Maria und Sepp Muster, Weingut Wohlmuth, Weingut Neumeister, Weingut Andreas und Elisabeth Tscheppe, Domaine Vacheron, Domaine Didier Dagueneau, Domaine Vincent Pinard, Domaine Fouassier, Reyneke, Château Smith Haut Lafitte, TerraVin, Weingut Edmond Vatan, Domaine Jonathan Didier Pabiot, Domaine Pascal Cotat, Domaine Gérard Boulay, Domaine Guilhem et Jean-Hugues Goisot

CHENIN BLANC

Chenin Blanc, der auch oft als Steen in Südafrika und als Pineau in Frankreich bezeichnet wird, kommt ursprünglich von der Loire und ist dort die meistangebaute Weißweinsorte. Aus ihr entstehen völlig unterschätzte Weltklasseweine, die sich unter Kenner:innen immer größerer Beliebtheit erfreuen und nach Meinung vieler im Süßweinbereich das interessantere Preis-Genuss-Verhältnis bieten. Dass du eventuell noch nie etwas von Chenin Blanc gehört hast, liegt zum einen daran, dass sich die Rebsorte in Frankreich gerne hinter Appellationen wie Vouvray, Quarts-de-Chaume, Bonnezeaux, Savennières, Anjou Blanc oder Saumur Blanc versteckt und es dir somit schwer macht, zu erkennen, wo Chenin Blanc drin ist. Zum anderen liegt es daran, dass ca. 90 % der französischen Chenin-Blanc-Erzeugnisse nicht in den Export gehen, sondern in Frankreich konsumiert werden. Auch Südafrika verbindet eine lange Tradition mit dieser Rebsorte. Mit einer Anbaufläche von über 16 000 Hektar ist das Land der größte Chenin-Blanc-Erzeuger der Welt. Früher wurde die Rebsorte in Südafrika hauptsächlich für Destillationszwecke angebaut. Heute entstehen aus ihr Weißweine von Weltruf. Der Grund für die Popularität ist, ähnlich wie bei Riesling, die kräftige Säurestruktur und verhaltene Aromatik. Die besten südafrikanischen Exemplare bekommt man aber, bis auf wenige Ausnahmen, auch dort im Land selbst. Anders als südafrikanischer Chenin Blanc, der bereits in jugendlichem Stadium richtig in Fahrt kommt, kann Chenin Blanc aus Frankreich extrem säuregeladen und störrisch sein. Diese Weine zeigen oft erst nach ein paar Jahren der Lagerung ihr eigentliches Potenzial. Chenin präsentiert sich im Glas sehr verhalten. Typisch neben der stark ausgeprägten Säurestruktur ist der Duft nach gelbem Apfel, Birne, Zitronenmarmelade, Kamille und Honig. Chenin Blanc in einer Blindverkostung zu entlarven, kann mitunter ziemlich schwierig sein, weil es keine Rebsorte ist, die dir ins Gesicht springt. Charakteristisch und ein Indiz dafür, dass es sich um einen Chenin handelt, ist für mich deshalb immer der Geruch nach Wachs und Wolle.

Lous

PROBIERTIPPS: David & Nadia, Mullineux & Leeu Family Wines, Alheit Vineyards, Testalonga, Angus Paul Wines, AA Badenhorst, Beaumont Family Wines, The Sadie Family, Wolf & Woman

Wines, Savage Wines, Domaine Sophie et Richard Leroy, Domaine Huet, Domaine du Collier, Domaine du Clos Naudin, Domaine François Chidaine, Domaine Clos Rougeard, Jean-Pierre Robinot, Domaine Patrick Baudouin, Domaine du Closel, Domaine Guiberteau, Nicolas Joly

RIESLING

Wenn ich Riesling in einem Satz beschreiben müsste, dann wäre es wohl dieser hier: »Riesling ist groß!« Nirgendwo auf der Welt wächst so viel Riesling wie in Deutschland. Er ist hierzulande die meistangebaute Rebsorte und der Exportschlager der deutschen Weinszene. Aufgrund der stark ausgeprägten Säurestruktur und der Fähigkeit, das umliegende Terroir besonders gut zum Ausdruck zu bringen, erfreut er sich international großer Beliebtheit. Nicht nur stilistisch gibt es eine ganze Bandbreite der verschiedensten Riesling-Typen, sondern auch geschmacklich – und zwar von trocken bis fruchtsüß. Aus Riesling entstehen einige der lagerfähigsten und teuersten Süßweine der Welt. Aber auch im trockenen Bereich haut Deutschland jedes Jahr einen Knaller nach dem anderen raus. Hab ich was vergessen? Ach ja, auch in der Schaumweinproduktion ist Riesling so gefragt wie noch nie. Weitere wichtige Herkunftsgebiete sind Washington State und New York in den USA, das Eden Valley und Clare Valley in Australien sowie das Elsass in Frankreich. Riesling aber wächst grundsätzlich weltweit. Neben der stark ausgeprägten Säurestruktur sind Aromen nach Zitrusfrüchten, Äpfeln, Pfirsich, Jasmin und Petroleum typisch.

Lous

PROBIERTIPPS: Domaine Weinbach, Maison F.E. Trimbach, Domaine André Ostertag, Domaine Valentin Zusslin, Domaine Mélanie Pfister, Grosset Wines, Weingut Peter Jakob Kühn, Weingut Dr.Bürklin-Wolf, Weingut Rings, Weingut Karl Haidle, Weingut Lukas Hammelmann, Weingut Alzinger, Weingut Gunderloch, Weingut A. Christmann, Weingut Seckinger, Weingut Andres, Weingut Margarethenhof, Weingut Odinstal, Weingut Schnaitmann, Saurwein Wines, Tatomer Wines, Weingut A. J. Adam, Hermann J. Wiemer Vineyard & Winery, Weingut Bründlmayer, Weingut Pichler-Krutzler, Weingut Hirsch, Weingut Jurtschitsch, Weingut Schäfer-Fröhlich, Weingut Ökonomierat Rebholz, Weingut Sven Leiner, Klaus Peter Keller, Weingut Wittmann, Weingut Breuer, Weingut Dr. Loosen, Weingut Julian Haart

GRAUBURGUNDER

Meine Kolleg:innen werden mich höchstwahrscheinlich auslachen, weil ich Grauburgunder mit zu den wichtigsten Rebsorten zähle. Tatsache ist aber, dass Grauburgunder nicht nur etwas für »Säuresensibelchen« ist, sondern vielen Weineinsteiger:innen die Tür zur Welt des Weins öffnet, ganz einfach, weil man mit ihm überall konfrontiert wird. Die größten Vorkommen findet man in Italien, den USA, in Deutschland, Australien und Frankreich. Länderspezifische Synonyme sind z. B. Pinot Grigio (Italien) oder Pinot Gris (Frankreich). Weil man die Rebsorte im Weinberg bereits aus der Ferne an ihrer grau-lila Farbe erkennt, wird sie auch Grauer Mönch genannt. Bedingt dadurch, dass die Beerenschale für eine weiße Rebsorte sehr viel Farbstoff enthält, kann man Weine, die vielleicht ein wenig länger auf der Maische standen, auch schnell mit einem Roséwein verwechseln. Ist mir vor acht Jahren mal in einer Blindverkostung passiert, weißte Bescheid. Das, was aus Grauburgunder schlussendlich in der Flasche landet, ist nicht sonderlich spektakulär und ehrlich gesagt auch ziemlich langweilig. Der Grund ist eine verhaltene Aromatik und eine mäßig ausgeprägte Säurestruktur. Pinot Grigio ist meistens etwas spritziger und leichtfüßiger als Grauburgunder aus Deutschland oder Pinot Gris aus Frankreich, die normal etwas barocker und breitschultriger ausfallen. Es gibt auch einige Winzer:innen, die mit Maischestandzeit, Hefelager & Co. krampfhaft versuchen, Grauburgunder interessant zu machen. Es ist und bleibt aber halt einfach Grauburgunder. Oder um es mit den Worten von »Two and a half men« zu sagen: »You can put a tuxedo on a goat, but still a goat!« Will meinen: Grauburgunder wird nie große Sprünge machen, und das ist auch vollkommen in Ordnung. Er ist und bleibt ein Brot-und-Butter-Wein, ein Allrounder, der auf Familienfeiern, Gartenpartys & Co. die Mehrheit glücklich machen wird, weil er nicht aufmüpfig ist.

Lous

PROBIERTIPPS: Weingut Schnaitmann, Weingut Peter Wagner, Ocean Eight, Azienda Agricola Foradori, Weingut Franz Keller, Weingut Salwey, Weingut Alois Lageder, Weingut Seckinger, Domaine Julien Meyer (aka Patrick Meyer), Weingut Holger Koch, Weingut Sven Leiner, Weingut Hahnmühle, Konni & Evi

WEISSBURGUNDER

Wenn dir Grauburgunder zu langweilig und Riesling zu flippig ist, dann mach doch mal Weißburgunder. In Frankreich heißt Weißburgunder übrigens Pinot Blanc und in Italien Pinot Bianco. Die mit Abstand wichtigsten Herkünfte sind Norditalien, insbesondere Südtirol, sowie Deutschland, Frankreich und Österreich. Ganz typisch ist eine unaufdringliche, aber präsente Säurestruktur und der Duft nach Birne, Zitronenzeste, Pfirsich, Mandel und nassem Stein.

Lous

PROBIERTIPPS: Weingut Pfitscher, Weingut Fenja Hinz, Weingut A. Christmann, Weingut Weninger, Weingut am Stein, Weingut Claus Preisinger, Weingut Prieler, Weingut Dr. Wehrheim, Weingut Hees, Weingut Sven Leiner, Konni & Evi, Weingut Kolfok

GRÜNER VELTLINER

Günter Veltinger? Ach, komm schon, das ist das weiße Zeug, das immer literweise auf den Partyhütten Österreichs ausgeschenkt wird. Spaß beiseite bzw. nein, also ja! Grünen Veltliner in Deutschland an den Mann bzw. die Frau zu bekommen, war lange Zeit gar nicht so einfach. Du, der Kunde bzw. die Kundin, hatte immer dieses Après-Ski-Bild vor Augen. Billiges Zeug aus Österreich, das im besten Fall besoffen im Kopp macht. Dass Grüner Veltliner auch anders geht, beweisen die Individualisten und Rebellen der österreichischen Weinszene. Es liegt schlussendlich immer in der Hand der Winzer:innen. Verstanden im

Weinberg und Keller, bringt diese weiße Rebsorte Weine der Spitzenklasse in die Flasche. Ganz typisch ist der Geruch nach Apfelblüten, gelben Äpfeln, süßen jungen Erbsen, Melisse und weißem Pfeffer. Und weil immer alle nach der Säure fragen – Grüner Veltliner hat Säure. Mitunter sind Weine dieser Rebsorte sogar von kräftiger Säurestruktur, weshalb sie ebenfalls super reifen und etliche Stilistiken spielen können. Fast immer empfinde ich die Säurestruktur aber, anders als bei Riesling, als eher unaufdringlich und sehr gut eingebunden. Grünen Veltliner gibt es auch in der Slowakei, in Tschechien und Ungarn. Das wichtigste Herkunftsgebiet aber ist und bleibt Österreich. Man findet den Grünen Veltliner im ganzen Land verteilt, und ja, er ist ganz einfach das Aushängeschild Österreichs. Die größten Vorkommen der Rebsorte findet man in Niederösterreich, und zwar im Weinviertel.

Lous

PROBIERTIPPS: Tatomer Wines, Weingut Bernhard Ott, Weingut Alzinger, Weingut Herbert Zillinger, Weingut Jurtschitsch, Weingut Hirsch, Weingut Bründlmayer, Weingut Ebner-Ebenauer, Weingut Veyder-Malberg, Weingut Matthias Warnung, Weingut Johannes Zillinger, Weingut Pichler-Krutzler, Weingut Prager und Weingut F.X. Pichler

SILVANER

Silvaner, der auch Grüner Silvaner oder Sylvaner genannt wird, ist in Deutschland zu Hause. Zu den wichtigsten Herkunftsgebieten zählen die Weinanbaugebiete Rheinhessen,

Franken und das Elsass. Mit aufgenommen in die Liste habe ich Silvaner, weil die Rebsorte meiner Meinung nach oft unterschätzt wird. Dabei entstehen aus ihr im Idealfall extrem charakterstarke Weißweine. Ähnlich wie Grüner Veltliner zeichnet sich auch Silvaner durch eine mitunter kräftige, aber immer sehr gut eingebundene Säurestruktur aus. Typisch ist der Duft nach Birne, getrocknetem Gras, Thymian, Passionsfrucht und Pfirsich. »Grün« wird Silvaner übrigens deshalb genannt, weil es noch einige Mutationen wie z. B. den Gelben, Roten und Blauen Silvaner gibt.

Lous

PROBIERTIPPS: Weingut Rudolf May, Weingut Luckert, Weingut Paul Weltner, Weingut am Stein, Weingut Emmerich, Weingut Stefan Vetter, Weingut Richard Östreicher, Weingut Helmut Christ, Weingut Gebr. Müller – Familie Olinger, Ökologischer Land- & Weinbau Kraemer, Weingut Wagner-Stempel

PLATZ FÜR DEINE NOTIZEN

ROTE REBSORTEN

CABERNET SAUVIGNON

Egal ob Frankreich, Chile, USA, Australien, Südafrika oder Spanien – Cabernet Sauvignon findest du überall auf der Welt. Der Grund für die starke Verbreitung ist, genau wie bei anderen Lebensmitteln oder Waren auch, das Marketing. Der Rebsorte wurde nachgesagt, dass sie sich neben anderen weinbaulichen Vorzügen durch ein hervorragendes Lagerungspotenzial auszeichnet. Zu den wichtigsten Herkunftsgebieten zählt zweifelsohne das französische Weinanbaugebiet Bordeaux (linkes Ufer), wo Cabernet Sauvignon oft mit weiteren Rebsorten wie z. B. Merlot, Cabernet Franc oder Petit Verdot verschnitten wird (aka Bordeaux Blend). Aber auch in den italienischen Supertuscans nimmt die Rebsorte eine wichtige Rolle ein. Auf Basis von Cabernet Sauvignon entstehen einige der begehrtesten und teuersten Rotweine der Welt. Die Rebsorte ist eine Kreuzung aus Cabernet Franc und Sauvignon Blanc. Deshalb weist Cabernet Sauvignon den gleichen dominierenden Aromastoff wie Sauvignon Blanc auf: Methoxypyrazin. Aufgrund der Tatsache, dass viele diese grünen Aromen im Wein nicht mögen oder sogar als störend empfinden, sind Cabernet Sauvignons im Laufe der Zeit wesentlich »weichgewaschener« geworden. Typisch für Cabernet Sauvignon sind eine kräftige Säure- und Tanninstruktur sowie der Duft nach Schwarzer Johannisbeere, Kirsche, roter Paprika, Backgewürzen und Zedernholz. Bei gereiften Exemplaren aus Bordeaux empfinde ich zudem immer den Geruch nach Bleistiftmine als ein charakteristisches Merkmal.

Lous

PROBIERTIPPS: Dunn Vineyards, Corison Winery, Arnot-Roberts, Forman Vineyard, Caymus Vineyards, Gramercy Cellers, Spottswoode Estate, Togni Vineyard, Promontory Winery, Laurel Glen Vineyard, Domaine Eden, Harlan Estate (weitere Probiertipps siehe »Bordeaux«)

MERLOT

Merlot ist auf der ganzen Welt zu Hause. Und genau wie bei Cabernet Sauvignon ist das französische Weinanbaugebiet Bordeaux (rechtes Ufer) das mit Abstand wichtigste Herkunftsgebiet, wo die Rebsorte ebenfalls mit Rebsorten wie z.B. Cabernet Franc, Cabernet Sauvignon oder Petit Verdot verschnitten wird (aka Bordeaux Blend). Man findet Merlot in nahezu jeder Preiskategorie – ob Einstieg, mittleres Preisfeld oder Champions League. Die teuerste Flasche Merlot, die jemals über den Ladentresen rollte, war ein 1961er Château Pétrus aus Pomerol für lässige 12 000 US-Dollar. Charakteristisch für Merlot sind eine mittlere bis stark ausgeprägte Säure- und Tanninstruktur sowie Aromen von Himbeere, Kirsche, Zwetschge, Schokolade und Zedernholz. Es ist schon verrückt, dass zwei im Grunde genommen nichtssagende Rebsorten wie Merlot und Cabernet Sauvignon, deren einziges Potenzial ihre Lagerfähigkeit ist, für die teuersten Weine der Welt verantwortlich sind.

Lous

PROBIERTIPPS: Weingut Richard Östreicher, Weingut Krutzler, Colète, Château Pétrus, Domaine de Galouchey, Tua Rita Società Semplice Agricola, Miani, Tenuta dell'Ornellaia (weitere Probiertipps siehe »Bordeaux«)

PINOT NOIR

Auch bekannt als die »Königin« unter den roten Rebsorten. Zugegebenermaßen sind Rotweine aus Pinot Noir (aka Spätburgunder, Blauburgunder, Pinot Nero) teilweise kaum an Eleganz zu übertreffen. Sehr guten Spätburgunder, anders als z. B. bei Syrah, gibt es in nahezu fast jeder Preiskategorie. Das mit Abstand wichtigste Herkunftsgebiet ist Frankreich. Ob Gevrey-Chambertin, Morey-Saint-Denis oder Vosne-Romanée – hinter jeder dieser Herkunftsbezeichnungen versteckt sich die Rebsorte Pinot Noir. Weitere wichtige Herkünfte sind die USA mit Oregon, Santa Barbara, Sonoma und das Heemel-en-Aarde Valley in Südafrika sowie Deutschland mit den Weinanbaugebieten Ahr, Pfalz, Baden und Franken. Die besten Exemplare, saftig-würzig, elegant und durstmachend, entstehen meiner Meinung nach in kühlen Weinanbaugebieten bzw. auf kühlen Standorten. Typisch für Pinot Noir ist eine schwach ausgeprägte Tannin- und mittel bis stark ausgeprägte Säurestruktur. Je nach Herkunft sowie An- und Ausbau der Rebsorte dominieren Aromen von Preiselbeeren, Sauerkirsche, Himbeere und Zwetschge, Gewürznelke und Pilzen. Aus Pinot Noir entsteht aber nicht nur Stillwein. Auch in der Schaumweinproduktion wie z. B. in der Champagne spielt die Rebsorte neben Pinot Meunier und Chardonnay eine der wichtigsten Rollen.

Lous

PROBIERTIPPS: Weingut A. Christmann, Weingut Franz Keller, Weingut Reibold Freinsheim, Weingut Rings, Weingut Jean Stodden, Weingut Fürst, Weingut Bertram-Baltes, Weingut Lukas, Weingut Schnaitmann, Terra Antica, Radio-Coteau, Williams Selyem Winery, Domaine de la Côte, Joseph Swan Vineyards, Domaine Ghislaine Barthod, Domaine Sylvie Esmonin, Domaine Hubert Lignier, Domaine Robert Chevillon, Domaine Jean-Marc et Thomas Bouley, Domaine Arnaud Baillot, Hirsch Vineyards, Domaine Armand Rousseau, Domaine Jean Grivot, Domaine Ballorin & F., Bergström Wines, Creation Wines, Storm Wines, Domaine de la Romanée-Conti, Domaine Cecile Tremblay

SYRAH

Der genealogische Ursprung der Rebsorte Syrah liegt im nördlichen Rhônetal in Frankreich. Bis ungefähr 1970 wurde sie fast ausschließlich hier angebaut. Die nördliche Rhône ist nicht nur kühler, sondern auch regenreicher als der südliche Teil. Charakteristisch für das Weinanbaugebiet sind steile Hänge und Böden vornehmlich aus Granitgestein, die wie geschaffen für Syrah sind. Berühmte Herkünfte der nördlichen Rhône, die du vielleicht schon einmal auf einem Weinetikett gesehen hast und hinter denen sich jeweils Syrah versteckt, sind z. B. Côte-Rôtie, Saint-Joseph, Crozes-Hermitage, Hermitage oder Cornas. Wichtige Herkunftsländer neben Frankreich sind Australien, Spanien, die USA, Argentinien und Südafrika. Ein Synonym für die Rebsorte Syrah ist Shiraz. Gemeint ist damit zwar die gleiche Rebsorte, aber meistens zwei unterschiedliche Stile. Steht auf dem Etikett Syrah, so meint man damit normalerweise den »Alte-Welt«-Stil (Europa), der für frische, säurebetonte und elegante Rotweine steht. Steht auf dem Etikett hingegen Shiraz, meint man damit den »Neue-Welt«-Stil (Übersee), der für opulente, fruchtbetonte Rotweine steht, die teilweise auch höhere Alkoholwerte mit sich bringen. Aus Syrah (aka Shiraz) entstehen im Allgemeinen tiefdunkle Rotweine, die sich je nach Herkunft sowie An- und Ausbau der Rebsorte durch eine prägnante und kräftige Tannin- und Säurestruktur auszeichnen. Syrah im »Alte-Welt«-Stil, z. B. von der Rhône, aus Chile oder Western Australia, erinnert in der Nase an Zwetschge, Kalamon-Oliven und grünen Pfeffer. Syrah im »Neue-Welt«-Stil, z. B. aus Kalifornien oder Südaustralien, erinnert oft an Blaubeeren, Brombeermarmelade, Tabak oder auch Milchschokolade.

PROBIERTIPPS: Weingut Christian Tschida, Weingut Ziereisen, Domaine Jamet, Pierre Gonon, Domaine Jean-Louis Chave, Domaine Jean-Michel Stéphan, Domaine Graillot, Matthieu Barret – Domaine du Coulet, Henschke, Mullineux & Leeu Family Wines, Tim Hillock Wines, Minimalist Wines, Domaine Auguste Clape, Domaine Thierry Allemand

NEBBIOLO

Eine der Flagship-Rebsorten Italiens ist die rote Rebsorte Nebbiolo. Aus ihr entstehen einige der teuersten und lagerfähigsten Weine Italiens wie z. B. Barolo oder Barbaresco. Die größten Vorkommen in Italien findet man im Piemont und in der Lombardei. Neben Italien gibt's die Rebsorte aber auch in Mexiko, Argentinien, Australien oder den USA. Nebbiolo hat beides – eine prägnante Säurestruktur und Tannine, die dir gleichermaßen das Zahnfleisch wegputzen können. Je nach An- und Ausbau der Rebsorte sind Aromen von Sauerkirschen, Preiselbeeren, Hibiskusblüte, getrockneten Feigen, Leder, Tonboden und Anis/Lakritz typisch. Nebbiolo aus warmen Jahren erinnert mich irgendwie auch oft an Schwarzwälder Kirschtorte.

Lous

PROBIERTIPPS: Giuseppe Mascarello, Bartolo Mascarello, Angelo Gaja, Giacomo Conterno, Nervi, Comm. G.B. Burlotto, Giuseppe Rinaldi, Philine Isabelle Dienger, Cantina d'Arcy, Roberto Voerzio, Vietti, Paolo Scavino, Bruno Giacosa, Giovanni Rosso (aka Ester Canale), Roagna

BLAUFRÄNKISCH

Blaufränkisch in Österreich, Lemberger in Deutschland oder Kékfrankos in Ungarn. Will meinen: viele Herkünfte, viele Synonyme, eine Rebsorte. Blaufränkisch ist neben St. Laurent und Zweigelt DIE rote Rebsorte Österreichs. Ähnlich wie Spätburgunder oder auch Chardonnay hat Blaufränkisch die Fähigkeit, das umliegende Terroir besonders gut zum Ausdruck zu bringen. Das ist mit einer der Gründe dafür, warum sich Blaufränkisch im Glas sehr unterschiedlich präsentiert und mich in Blindverkostungen regelmäßig aufs Glatteis führt. Guter Blaufränkisch ist für mich nie fett und plump, sondern frisch, feinfruchtig, elegant und mit gefährlichem Trinkfluss. Also, was ich eigentlich sagen will: Blaufränkisch macht nicht müde, sondern wach. Die Rebsorte hat die feine Frucht und Sexyness eines Spätburgunders, den würzigen Charakter von Syrah und die elegante Kraft eines Nebbiolo. Neben der mitunter stark ausgeprägten Säure- und Tanninstruktur ist der Duft nach Kirsche, Brombeere, dunkler Schokolade, Pfeffer, Piment und Flieder typisch.

Lous

PROBIERTIPPS: Weingut Wachter-Wiesler, Weingut Prieler, Weingut Nittnaus, Weingut Krutzler, Weingut Karl Haidle, Weingut Schnaitmann, Weingut Lassak, Konni & Evi, Weingut Heinrich, Moric, Weingut Horst Hummel, Weingut Kolfok, Weingut Rosi Schuster, Weingut Lichtenberger González

DIE WICHTIGSTEN WEINANBAULÄNDER & REGIONEN IM ÜBERBLICK

Ich habe lange überlegt, ob ich überhaupt etwas über Länder und Regionen schreiben soll. Einfach aufgrund der Tatsache, dass es bereits genug Bücher gibt, die extrem detailliert auf alle Herkunftsgebiete inklusive aller Weinbergslagen und die daraus resultierenden Weine eingehen. Das, was ich mir aber früher von einem Weinbuch gewünscht hätte, wäre ein Spickzettel für die wichtigsten Länder gewesen. Also ein knackiger Absatz, in dem das Wichtigste drinsteht, zum Schnell-mal-drüber-Fliegen, wenn man im Weinladen steht oder ratlos vor einer Weinkarte sitzt, die so dick wie alle Harry-Potter-Bände zusammen ist. Außerdem hätte ich gerne eine Übersicht gehabt, hinter welcher Herkunft sich welche Rebsorte verbirgt, einige Probiertipps und Jahrgangsempfehlungen. Aber welche sind die wichtigsten Länder?

Da ich das Buch ja für mein früheres Ich schreibe, gibt's jetzt einfach die Länder im Porträt, für die ich mich bereits damals interessiert habe oder zu denen ich ganz einfach etwas zu erzählen habe. Alles andere kannst du ja bei Hugh oder der Jancis nachlesen.

FRANKREICH

Mit Frankreich stand ich jahrelang auf Kriegsfuß, und ich weiß, dass es den meisten Weinanfänger:innen genauso geht. Es fängt bei der Aussprache an und hört bei den ganzen Herkunftsbezeichnungen, hinter denen sich ständig eine andere Rebsorte und Stilistik versteckt, auf. Da ich weiß, wie frustrierend das sein kann, habe ich dir Frankreich intensiver bearbeitet und sozusagen als »Mini-Crashkurs« zusammengefasst. Und mach dir bitte keinen Kopf über deine Aussprache bei deiner nächsten Weinbestellung. Ich spreche die Namen der ganzen Herkünfte, Winzer:innen, Crus und Grands Crus auch ständig falsch aus oder hau sie verkleidet mit meinem rheinischen »Singsang« raus. Ja, und? Bin ich deshalb jetzt weniger Weinexpertin? Frag doch mal einen Winzer aus dem Burgund, ob er so freundlich wäre, »Rüdesheimer Berg Schlossberg« oder noch besser »Ürziger Würzgarten« zu sagen. Eine andere Sprache sollte in der Welt des Weins niemals zum Hindernis gemacht werden. Und eine Person, die dich für deine Skills auslacht, hat in der Weinbranche meiner Meinung nach nichts verloren. Ich kann mit dieser unnötigen Profilierungssucht einiger Kandidat:innen einfach nichts anfangen. Unnötig, weil sie dir den Spaß am Thema Wein raubt, dich ausbremst und zusätzlich verunsichert. Solange du aber weißt, woher das Zeug kommt, was es charakterisiert – und, ganz wichtig, die Pulle auch noch bezahlen kannst –, ja hör mal, da kann dir der Rest doch herzlich egal sein. Denn um Frankreich zu verstehen, muss man nicht die Aussprache perfekt beherrschen. Man muss Frankreich trinken, um Frankreich zu verstehen. Also, immer locker durch die Hose atmen. Abfahrt:

DIE SACHE MIT DER HERKUNFT

Bevor ich dir meine liebsten Weinanbaugebiete und die dazugehörigen Rebsorten vorstelle, gehen wir noch einmal kurz auf die Basics des französischen Weingesetzes ein. Das Prinzip der Qualität musst du dir wie eine Pyramide vorstellen. Ganz unten steht der »Vin de France«, was so viel heißt wie Tafelwein. Die Trauben für diesen Wein können aus ganz Frankreich stammen, und auch die Angabe von Jahrgang und Rebsorte ist optional. Danach folgt der Landwein oder in schön: Indication géographique protégée (aka IGP). Landwein ist Wein, der aus einer bestimmten Region stammt wie z. B. Pays d'Oc oder Val de Loire. An der Spitze stehen Weine mit der Bezeichnung AOP (Appellation d'origine protégée), was so viel wie »Qualitätswein mit geschütztem Ursprung« heißt. Hier geht's dann auch ans Eingemachte, denn Weine, die den »Stempel« AOP tragen, sollen »typisch« für ihre Herkunft sein. Das, was kontrolliert wird, sind die eingesetzten Rebsorten, die Arbeit im Weinberg und im Keller sowie das Endprodukt – der Wein muss sich also auch einer sensorischen Kontrolle unterziehen. Dabei kann sich der »Stempel« AOP auf eine Region (AOP régional), auf eine Gemeinde (AOP communale) oder auf eine Weinbergslage oder eine bestimmte Parzelle (AOP Cru) beziehen. Dieses Prinzip der Herkunft basiert auf dem romanischen Weinrecht der EU-Weinmarktordnung von

2009 und ist für fast alle Länder nahezu gleich. Ich weiß, das klingt erst einmal alles furchtbar kompliziert. Deshalb kannst du dir einfach den folgenden Satz merken: Je enger die Herkunft, desto höher die Qualität!

Die Grande Nation gehört neben Italien und Spanien zu den größten weinproduzierenden Ländern der Welt und wird in ca. 14 Weinanbauregionen aufgeteilt. Zu den größten und teils bekanntesten zählen das Languedoc, das Bordeaux, die Loire und die Rhône. Zu den kleineren Gebieten gehören die Champagne, das Burgund, die Provence, das Elsass und das Jura. Frankreich ist Rotweinland. Zu den bedeutendsten Rebsorten gehören Spätburgunder, Merlot, Cabernet Sauvignon und Syrah. Bei Weißwein sind es Chardonnay, Chenin Blanc, Sauvignon Blanc, Viognier und Marsanne. Frankreich ist übrigens für einige der teuersten Weine und Schaumweine der Welt verantwortlich.

DAS BURGUND

Es gibt kein anderes Weinanbaugebiet in Frankreich, das so polarisiert wie das Burgund. Nie werden so viele Weinflaschen und Weinetiketten in die Kameralinse des Handys gehalten wie an wilden Weinabenden, wenn irgendwelche verhältnislosen Weinfreaks und Normalsterblichen mit dicken Geldbörsen wieder den großen heißen Scheiß aus dem Burgund aufreißen. Die Euphorie ist leicht zu erklären: Die Nachfrage ist groß und das Angebot ist knapp. Es gibt Leute, die gehen ungern ohne Louis Vuitton, Chanel und Hermès aus dem Haus – und es gibt Leute, die lassen sich ungern ohne eine Flasche Coche-Dury, Armand Rousseau oder DRC (aka Domaine de la Romanée-Conti oder »Die Domaine«) ablichten. Ob die saftigen Preise für ausgewählte Produzent:innen noch in einer nachvollziehbaren Weise im Verhältnis zur eigentlichen Qualität des Weins stehen, sei einfach mal dahingestellt. Ab diesem Punkt sprechen wir ohnehin nicht mehr von einer objektiven Beurteilung der eigentlichen Weinqualität. Denn ob sich die investierten Scheine gelohnt haben, kommt in diesem Fall immer auf die persönliche Motivation an. Subjektiv betrachtet bin ich jedes Mal dankbar, solche Weine verkosten zu dürfen. Objektiv betrachtet – auch wenn die Snobs unter den Sommeliers und Sommelièren dieser Welt an dieser Stelle jetzt verachtungsvoll die Nase rümpfen werden – gibt es Weine von ähnlich guter Qualität und Stilistik für weniger Geld. Aber darum soll es hier jetzt nicht gehen.

Das, was du dir zum Thema Burgund merken musst, ist Folgendes: reinsortige Rot- und Weißweine aus den Rebsorten Pinot Noir (aka Spätburgunder) und Chardonnay. Daneben gibt es zwar vereinzelt auch noch die rote Rebsorte Gamay, die weiße Rebsorte Aligoté und die Randerscheinung Sauvignon Blanc (der Anbau von Sauvignon Blanc ist bis dato ausschließlich in der Gemeinde Saint-Bris-le-Vineux, ca. 20 Kilometer von Chablis entfernt, erlaubt) – alle drei spielen im Vergleich aber eine untergeordnete Rolle. Die Herkunfts- bzw. Qualitätsweinpyramide im Burgund ist wie folgt aufgebaut: Ganz unten stehen Weine aus der Region, z. B. Bourgogne Blanc oder Bourgogne Rouge. Danach folgen Weine, bei denen die Trauben von Weinbergslagen aus mehreren oder einer Gemeinde kommen, z. B. Villages (die Trauben stammen aus mehreren Gemeinden) oder Meursault Villages (die Trauben stammen nur aus einer Gemeinde, in meinem Beispiel aus der Gemeinde Meursault). Auf der dritten Stufe stehen die Premier Crus oder kurz 1er Crus, auch bekannt als »erste Gewächse aus ersten Lagen«. Die qualitative Spitze bilden die Grands Crus, die sogenannten großen Gewächse aus großen Lagen. Ein Grand Cru ist das Filetstück, das sich zumeist innerhalb einer ersten Lage befindet. Wichtig ist auch: Nicht in jeder Gemeinde gibt es große Lagen.

Einige der begehrtesten roten Burgunder Frankreichs kommen aus dem nördlichen Teil der Côte de Nuits, die sich ungefähr auf Höhe der Stadt Dijon befindet. In diesem Abschnitt liegen berühmte Gemeinden wie z. B. Gevrey-Chambertin, Fixin, Morey-Saint-Denis, Chambolle-Musigny oder Vosne-Romanée, die alle für die rote Rebsorte Pinot Noir stehen. Fährt man von Dijon weiter runter Richtung Beaune, erreicht man die Côte de Beaune mit den Gemeinden Aloxe-Corton, Pommard oder Volnay, aus denen ebenfalls fast ausschließlich Pinot Noirs stammen.

Dabei weist ein Pinot Noir aus Pommard aber eine ganz eigene und andere Stilistik als ein Pinot Noir aus Volnay oder aus Chambolle-Musigny auf. Entscheidend ist auch immer, aus welcher Weinbergslage der Gemeinde der Pinot Noir stammt. Handelt es sich wie oben beschrieben um eine erste oder eine große Lage? Die allgemeinen stilistischen Unterschiede zwischen z. B. einem Volnay und Pommard lassen sich, sofern es dich überhaupt juckt, stupide auswendig lernen. Wenn du noch eine Schippe drauflegen willst, kannst du natürlich auch direkt die dazugehörigen Namen und stilistischen Eigenschaften der Crus und Grands Crus pauken. Aber das ist schon die Königsdisziplin und irgendwie auch für Leute, die sonst keine Hobbys haben. Außerdem ist der Name der Produzent:innen für mich – unabhängig vom Burgund – oft wichtiger als die Herkunft. Es gibt Winzer:innen, die verfügen über sensationelle Weinbergslagen, füllen aber nur Schrott ab. Andersherum gibt es Winzer:innen, die über weniger bekannte Lagen verfügen, daraus aber Großes machen. Das handwerkliche Geschick der Winzer:innen ist maßgeblich entscheidend für die jeweilige Qualität und Stilistik des Weins. Oder anders formuliert: Wie sich der Wein schlussendlich in deinem Glas präsentiert, hängt nicht immer ausschließlich von der geografischen Herkunft ab!

GUT ZU WISSEN: Weil die Preise für weiße und rote Burgunder kontinuierlich steigen und die Nachfrage drückt, rücken auch zunehmend kleinere und unbekanntere Gemeinden des Burgunds wie z. B. Mercury, Givry, Buxy oder Rully in den Fokus der Weinkonsument:innen, aber auch in den der Winzer:innen.

An der Côte de Beaune, gleich neben Volnay, reihen sich die Gemeinden Meursault, Puligny-Montrachet, Chassagne-Montrachet und Santenay ein. Hier entstehen teilweise auch exzellente Pinot Noirs. Wenn von Meursault, Puligny-Montrachet & Co. die Rede ist, dann meinen wir damit aber immer Chardonnay. Stilistisch ähneln sie sich zwar, und alle sind in der Regel geprägt durch Kleinholzausbau, Feinhefelager & Co. Geschmacklich ist ein Puligny-Montrachet aber oft feiner und eleganter gearbeitet als ein Meursault.

Die Gemeinde Chablis hingegen steht für 100 % Chardonnay und zeichnet sich durch einen ganz eigenen Stil aus. Im Gegensatz zu anderen Gemeinden wie z. B. Meursault bauen nämlich die wenigsten Winzer:innen im Chablis – bis auf wenige Ausnahmen, insbesondere im Grand-Cru-Bereich – ihren Chardonnay in neuen Holzfässern aus. Guter Chardonnay aus dem Chablis ist im Regelfall zitrisch-schlank und salzig-frisch. Die Herkunfts- bzw. Qualitätspyramide im Chablis sieht folgendermaßen aus: Ganz unten steht der Petit Chablis, gefolgt vom Chablis, Chablis Premier Cru und dem Chablis Grand Cru. Die Trauben für einen Petit Chablis stammen normalerweise aus den Randlagen der Gemeinde. Aus ihnen entstehen easy-drinking und zitrisch-frische Chablis im Preiseinstiegsbereich. Für einen Chablis Grand Cru stammen die Trauben wiederum aus kleinen Parzellen, die sich i. d. R. im Kern der Gemeinde befinden und die qualitative Spitze bilden.

Lous

PROBIERTIPPS: Domaine Ghislaine Barthod, Domaine Sylvie Esmonin, Hubert Lignier, Domaine Robert Chevillon, Domaine Jean-Marc et Thomas Bouley, Domaine Arnaud Baillot, Domaine Armand Rousseau, Domaine Perrot-Minot, Domaine Prieuré Roch, Domaine Jean Grivot, Domaine Ballorin & F., Domaine Duroché, Hubert Lamy, Domaine Leflaive, Pierre-Yves Colin-Morey, Pierre Girardin, Domaine Sylvain Pataille, Domaine Jean-Marc Vincent, Domaine de Chassorney,

Domaine Valette, Domaine Lamy-Caillat, Domaine Bernard-Bonin, Domaine Roulot, Domaine Raveneau, Domaine Stéphane Tissot, Domaine Vincent Dauvissat, Domaine J.-F. Coche-Dury, Anne Boisson, Sylvain Pataille, Boris Champy

EMPFEHLENSWERTE JAHRGÄNGE (BURGUND ALLGEMEIN): 1993, 1999, 2001, 2002, 2008, 2009, 2012, 2014, 2016, 2017, 2018, 2019, 2020

DIE RHÔNE

Die Weinanbauregion Rhône teilt sich in zwei Abschnitte: die südliche und die nördliche Rhône. Der Norden beginnt in Vienne, südlich von Lyon, und endet hinter Valence. Das Klima hier ist kühler und regenreicher als im Süden. Das Landschaftsbild ist geprägt von steilen Hängen, querterrassierten Weinbergslagen und Böden vornehmlich aus Granitgestein. Berühmt und gleichermaßen dominiert ist der nördliche Abschnitt der Rhône durch die rote Rebsorte Syrah (aka Shiraz). Zu den bekanntesten Herkünften zählt die Côte-Rôtie, Saint-Joseph, Hermitage und Cornas. Sie alle stehen für tiefdunkle, kräftige und zugleich unfassbar elegante Rotweine aus der Rebsorte Syrah, die sich durch eine sehr prägnante Säure- und Tanninstruktur auszeichnen und nicht selten erst nach mehreren Jahren der Reifung ihr volles Potenzial zeigen. Südlich der Côte-Rôtie befindet sich die Gemeinde Condrieu, die ausnahmslos Weißweine aus der Rebsorte Viognier produziert. Weitere Weißweine, hauptsächlich aus den Rebsorten Roussanne und Marsanne, findet man in dem eigentlich durch Syrah dominierten Weinanbaugebiet Saint-Joseph sowie in Saint-Péray. Dieser Abschnitt der Rhône ist übrigens auch die Wiege des traditionellen, süffigen Schaumweins »Clairette de Die«, der zu 75 % aus der Rebsorte Muscat à Petits Grains (aka Gelber Muskateller) bestehen muss. Wenn du es lieber trocken magst, kannst du auch mal nach einem »Crémant de Die« aus der Rebsorte Clairette Ausschau halten.

Anders als in der nördlichen Rhône wird im Süden selten reinsortig gearbeitet. Die Rotweine der südlichen Rhône, vornehmlich aus den Rebsorten Grenache, Syrah und Mouvèdre, werden aufgrund ihrer Rebsortenkonstellation auch als »GSM Blends« bezeichnet. Sie sind kraftvoll, fast schon barock und mit ordentlich Power. Weitere Rebsorten, die hier zum Einsatz kommen, sind z. B. Cinsault oder Carignan. Die wohl mit Abstand bekannteste Herkunft ist Châteauneuf-du-Pape. Ebenfalls bekannt sind Weine der Côtes du Ventoux, aus Gigondas, Vacqueras und der Côtes du Rhône, insbesondere Brézème. Weiß- und Roséweine hingegen findest du in Tavel, Lirac oder Côtes du Lubéron.

Lous

PROBIERTIPPS: Domaine Jean-Louis Chave, Pierre Gonon, Domaine Stéphane Ogier, Domaine Dard et Ribo, Thierry Allemand, Domaine du Pegau, Domaine de Saint Préfert, Domaine Definitely Red, Château Rayas, Domaine Jamet, Jean-Michel Stéphan, Domaine Graillot, Domaine du Coulet

EMPFEHLENSWERTE JAHRGÄNGE (RHÔNE ALLGEMEIN): 1988, 1989, 1990, 1991, 1995, 1999, 2001, 2009, 2012, 2013, 2014, 2015, 2021

Ich erinnere mich, dass ich Domaine du Collier und Domaine Guiberteau vor einigen Jahren noch für 'n Appel und 'n Ei eingekauft habe. Ich war damals so angetan von Chenin Blanc, war überzeugt von den Weinen und wollte diese Produzent:innen mit aller Gewalt auf der Weinkarte unseres Restaurants haben. Das Ende vom Lied war, dass mein Vater und ich den Sommer über auf der Terrasse saßen und uns aufopferungsvoll eine Flasche nach der anderen reingeschraubt haben. Das Zeug wollte einfach kein Gast saufen. Damals habe ich mich bei meinem Papa entschuldigt, weil ich den Wein nicht verkauft bekommen habe, mit meiner Einschätzung anscheinend irgendwie falschlag und daraufhin mal wieder viel zu enthusiastisch den Keller vollgeknallt hatte. Heute weiß ich, dass ich vielleicht doch nicht so daneben lag und dass eventuell damals zwar mein Vater und ich bereit für diese Art von Stoff waren, aber unsere Gäste noch nicht. Möglicherweise hätte ich auch hartnäckiger sein sollen, mehr Überzeugungs- und Aufklärungsarbeit bei meinen Gästen leisten müssen. Fünf Jahre später war das Zeug auf jeder gut sortierten Weinkarte zu finden und in fast jedem Weinfachhandel vergriffen. Und auch jetzt gibt es an der Loire mehr zu entdecken als den offensichtlichen Hype. Es kann sich richtig lohnen, mal einen Blick über den Weinglasrand zu werfen und ein bisschen tiefer zu graben. In der Welt des Weins sollte man sowieso nicht immer auf die nächste Welle warten, nicht immer allen nachplappern. Man sollte vielmehr auch mal eigene Sätze formulieren, auf seinen eigenen Geschmack hören,

Mut zu Neuem und Vertrauen in das eigene Können haben. Und man sollte sich auch viel öfter mal viel zu enthusiastisch den ganzen Weinkeller vollknallen.

Die Loire (aka Val de Loire) ist vielleicht eine der facettenreichsten und zugleich meistunterschätzten Weinregionen Frankreichs. Das, was alle mit der Loire verbinden, sind Namen wie Sancerre, Pouilly-Fumé oder Fumé Blanc. Namen, die du vielleicht schon einmal auf einem Weinetikett entdeckt hast und hinter denen sich die Rebsorte Sauvignon Blanc versteckt. Und obwohl wir die Loire alle instinktiv mit Sauvignon Blanc in Verbindung bringen, ist der eigentliche Protagonist dieser Region ein ganz anderer, nämlich die weiße Rebsorte Chenin Blanc. Dass du noch nie etwas von Chenin Blanc im Kontext mit der Loire gehört hast, liegt mitunter daran, dass sich die Rebsorte gerne hinter Herkünften wie z. B. Vouvray, Quarts-de-Chaume, Bonnezeaux, Savennières, Anjou Blanc oder Saumur Blanc versteckt. Zum anderen liegt es daran, dass schätzungsweise 90 % der Chenin-Blanc-Erzeugnisse gar nicht erst ihren Weg in den Export finden, sondern im Land verbleiben. Merkste selber, oder? Wenn die Französinnen und Franzosen schon alles selber wegsüffeln, kann der Stoff ja gar nicht mal so schlecht sein. Melon de Bourgogne ist eine weitere weiße Rebsorte, die hauptsächlich im unteren Tal der Loire in den Anbaugebieten Muscadet und Muscadet-Sèvre et Maine angebaut wird. Traditioneller Muscadet ist trüb und hat durch die längere Hefesatzlagerung einen fülligeren und zugleich frischen Geschmack. Typisch ist auch dieses leichte Bitzeln am Gaumen (aka moussieren).

Neben Weißwein findet man an der Loire auch Rotwein. Zu den wichtigsten roten Rebsorten zählt der Cabernet Franc und ja, auch Pinot Noir, Gamay und Pineau d'Aunis. Ähnlich wie Cabernet Sauvignon wird Cabernet Franc durch den Aromastoff Methoxypyrazin dominiert. Typisch für Cabernet Franc von der Loire sind demnach eine knackige Säurestruktur sowie prägnante Aromen, die einen sofort an grüne Paprika, Chilischoten, nassen Schotter und Himbeeren denken lassen. Aufgrund dieser starken und mitunter aufdringlichen vegetabilen Würze ist Cabernet Franc einigen einfach zu krass. Mittels Sauerstoffzufuhr, also z. B. durch Karaffieren, kann Abhilfe geschaffen werden – der Wein wirkt dadurch nicht mehr ganz so penetrant und wird flauschiger. Bekannt ist die Loire nicht nur für Weiß- und Rotweine, sondern auch für sehr gute Schaumweine (aka Crémant de Loire), Roséweine und einige hervorragende Süßweine, vornehmlich aus edelfaulen Trauben der Rebsorte Chenin Blanc wie z. B. aus Quarts-de-Chaume oder Coteaux-du-Layon. Eine weitere Spezialität ist die hier beheimatete weiße Rebsorte Romorantin.

GUT ZU WISSEN: Die Loire ist nach der Champagne der zweitgrößte Schaumweinproduzent Frankreichs. Schaumweine von der Loire heißen Crémant, werden mittels der klassischen Flaschengärung produziert, und du findest sie im Weinregal unter »Crémant de Loire«. Die Hochburg der »loireschen« Schaumweinproduktion ist die Stadt Saumur nahe Nantes. Rebsorten, die für einen Crémant de Loire zum Einsatz kommen, sind z. B. Chenin Blanc, Chardonnay, Pinot Noir (aka Spätburgunder), Cabernet

Franc, Cabernet Sauvignon, Grolleau oder Arbois. Crémant gibt es in den Farben Weiß und Rosé. Macht den Löwenanteil bei weißen Crémants immer der Chenin Blanc aus, ist es bei den roséfarbenen Exemplaren hingegen die Rebsorte Cabernet Franc.

Im Grunde genommen teilt sich die Loire in vier Hauptanbauregionen auf. Die untere Loire, auch bekannt als Pays Nantais, ist das Gebiet für Weißweine aus der Rebsorte Melon de Bourgogne. Bekannte Weinanbaugebiete sind z. B. Muscadet, Gros Plant du Pays Nantais, Muscadet-Sèvre et Maine, Muscadet-Coteaux de la Loire und Muscadet-Côtes de Grandlieu. Der mittlere Abschnitt der Loire wird dominiert durch die Rebsorten Chenin Blanc und Cabernet Franc. Bekannte Weinanbaugebiete dieser Gegend sind z. B. Anjou, Saumur, Saumur-Champigny, Bonnezaux, Coteaux du Loire, Savennieres und Quarts-de-Chaume. Das Zentrum der Loire ist Touraine. Die vorherrschenden Rebsorten hier sind ebenfalls Cabernet Franc und Chenin Blanc. Zu den wichtigsten Herkünften zählen mit Abstand Vouvray und Chinon sowie Bourgueil. Die obere Loire umfasst einige der wichtigsten Herkünfte wie z. B. Menetou-Salon, Sancerre, Pouilly-Fumé und Jasnières sowie Reuilly und Quincy, die entweder für die Rebsorte Sauvignon Blanc oder Chenin Blanc stehen.

Lous

PROBIERTIPPS: Anne-Claude Leflaive, Domaine Guiberteau, Domaine du Collier, Domaine Brégeon, Domaine de la Pépière, Domaine Didier Dagueneau, Domaine Huet, Domaine Sophie et Richard Leroy, Domaine du Clos Naudin, Domaine François

Chidaine, Domaine Clos Rougeard, Jean-Pierre Robinot, Domaine Patrick Baudoin, Testalonga, Les Vins Domaine du Closel, Nicolas Joly, Domaine Vincent Pinard, Domaine Fouassier, Domaine Jonathan Didier Pabiot, Domaine Pascal Cotat, Domaine Gérard Boulay, Edmond Vatan

EMPFEHLENSWERTE JAHRGÄNGE (LOIRE ALLGEMEIN):
2001, 2008, 2012, 2013, 2014, 2018, 2021

BORDEAUX

Die Gesamtrebfläche von Bordeaux beträgt ca. 120 000 Hektar und ist damit etwa 10 000 Hektar größer als die Deutschlands. In Bordeaux gibt es vereinzelt auch Weißweine, die Nummer eins aber sind Rotweine. Anders als in anderen Weinanbauregionen werden die Weine nicht reinsortig auf den Markt gebracht, sondern traditionell als Verschnitt – besser bekannt als »Bordeaux Blend«, der aus den drei Rebsorten Merlot, Cabernet Sauvignon und Cabernet Franc besteht. Weitere rote Rebsorten und oft mit von der Partie sind z. B. Petit Verdot oder Malbec. Wenn wir in Verkostungen von Bordeaux sprechen, dann ist eigentlich immer die Rede vom rechten (aka rive droite) oder vom linken Ufer (aka rive gauche). Daher erst mal ein wenig Geografie: Durchs Bordeaux fließen zwei große Flüsse, die Garonne und die Dordogne, die sich nördlich der Stadt Bordeaux zur Gironde vereinen. Rive droite meint die Weingebiete rechts von Gironde und Dordogne, mit rive gauche fasst man alles zusammen, was links von Garonne und Gironde liegt. Am rechten Ufer entstehen Weine, die durch

Merlot dominiert werden, und am linken Ufer sind die Weine geprägt durch die Rebsorte Cabernet Sauvignon. Trockene Weißweine sowie die berühmten Süßweine aus Barsac und Sauternes werden ausnahmslos aus den Rebsorten Sauvignon Blanc, Sémillon und Muscadelle gekeltert. Die mit Abstand wichtigsten Herkünfte am linken Ufer sind die Weinanbauregion Médoc mit den Gebieten Saint-Estèphe, Pauillac, Saint-Julien, Haut-Médoc und Listrac-Médoc sowie Margaux. Außerdem die Weinanbauregion Graves mit dem Weinanbaugebiet Pessac-Léognan. Am rechten Ufer ist es die Region Libournais mit den Gebieten Pomerol und Saint-Émilion. Allgemein gesprochen stammen aus Bordeaux mittelschwere bis kräftige Rotweine mit einer durchaus prägnanten Säure- und Tanninstruktur. Typisch für Bordeaux ist – immer abhängig von Herkunft, Leitrebsorte und Alter des Weins – der Duft nach schwarzer Johannisbeere, Zwetschge, Zedernholz, Bleistiftmine oder Veilchen.

Aus Bordeaux stammen zweifelsohne einige der teuersten und lagerfähigsten Weine der Welt. Was sich auf den ersten Blick ganz schön prestigegeladen liest, relativiert sich spätestens auf den zweiten. Die Weine der großen Châteaus, oder sollte ich vielmehr sagen, der großen Marken, machen nicht einmal 5 % der Gesamtproduktion der Weine aus Bordeaux aus. Und trotzdem diktieren sie den gesamten Markt. Damit lassen sie kaum Platz für die kleinen Winzer:innen, die ebenfalls gute, wenn nicht sehr gute, authentische Bordeaux auf die Flasche ziehen und die vielleicht auch gerne ein Stück vom großen Kuchen abbekommen würden – und das völlig zu Recht. Konsequenterweise ergibt sich daraus, dass sich Normalsterbliche in den seltensten Fällen noch ein Fläschchen Bordeaux kaufen, weil ihnen lediglich die Big Player bekannt sind und diese bekanntermaßen utopische Preise für ihre Weine abrufen. Der Absatz von Weinen weniger bekannter Weingüter stagniert in Bordeaux seit Jahren. Und dass die daraus resultierenden überschüssigen Mengen jedes Jahr erneut mit EU-Subventionen zu Industriealkohol verarbeitet werden müssen, ist jetzt auch irgendwie keine brandneue Information mehr. Von den pleitegehenden, Sozialhilfe beantragenden und am Ende Selbstmord verübenden Winzer:innen will ich gar nicht erst anfangen. Zu sagen, Bordeaux habe ein Imageproblem, ist maßlos untertrieben. Bordeaux steckt inmitten einer Krise.

Aber wer hat denn jetzt eigentlich festgelegt, dass die Weine der jeweiligen Châteaus qualitativ um ein Vielfaches besser sein sollen als die der »Normalos«? Das, was du dir als Erstes notieren musst, ist die Tatsache, dass sich die Qualität der Weine immer auf die Châteaus, nicht aber auf die Weinbergslagen bezieht. Das ist der erste wesentliche Unterschied zu Weinen aus dem Burgund. Bei der Weinbestellung sagst du also nicht »Ich hätte gerne den Wein von Domaine XY aus der Lage X!« Du sagst:« Ich hätte gerne Château X!« Auch heißt die Champions League in Bordeaux nicht »Grand Cru«, sondern »Premier Cru«. Wenn sich die Qualität auf die Châteaus und nicht auf die Weinbergslagen bezieht, dann müssen die Weingüter ja irgendwie eingestuft werden. Genau diese Einstufung fand im Jahr 1855 während der Pariser Weltausstellung statt. Die ganze Nummer ist auch als die »Bordeaux-Klassifizierung von 1855« (aka Grand Cru Classé 1855) bekannt.

Das Hauptkriterium für die Einstufung war der im langjährigen Durchschnitt (bis zu 100 Jahre) erzielte Preis für den Wein, der Qualitätsstand der Weine und der Zustand des Besitztums. Was zivilisiert klingt, war in Wahrheit das reinste Chaos. Einige Château-Besitzer:innen waren von ihrer eigenen Güte so überzeugt, dass sie sich von Haus aus in die höchsten Kategorien einstuften und ihre Konkurrent:innen in niedrigere. Andere Besitzer:innen waren so besorgt darüber, dass ihre Weine nicht gut genug sein würden, sodass sie die Klassifizierungskommission bestochen haben, um in höhere Kategorien aufgenommen zu werden. Schlussendlich haben sie sich irgendwie geeinigt und die Klassifizierung veröffentlicht. Dass sich die Heinis des »Verbands der Weinmakler« zusammengesetzt und fröhlich eingestuft haben, ist lässige 168 Jahre her. Seitdem ist nicht nur ordentlich Wasser die Gironde runtergelaufen, es wechselten die Besitzer:innen der Châteaus, es kam zu Veränderungen der Betriebsgrößen und ja, auch zu Veränderungen der Qualitäten, was die berechtigte Frage aufwirft, inwieweit die Einstufung noch up to date ist. Im Grunde genommen ist die Klassifizierung eine Liste von Weinen, die auf Eitelkeit, Bestechung und einer Prise Humor basiert. Aber hey, solange der Wein knallt, die großen Fische mit dem Scheinezählen nicht hinterherkommen und sich irgendwelche Neureichen weiterhin die Stöffchen dieser shiny Châteaus in ihrem Weinklimaschrank parken wie ihre Porsches in der Garage, spielen die Entstehung und

Aktualität der Klassifizierung doch keine Rolex – pardon, Rolle, oder?

Im ersten Schritt wurden nur die Rotweine aus Médoc und die Süßweine aus Sauternes und Barsac klassifiziert. Erst viel später, irgendwann in den 1950er-Jahren, kamen weitere Klassifizierungen für die Weine anderer Weinanbaugebiete wie z. B. Saint-Émilion und Graves dazu. Alle Weine, die den Anforderungen der Châteaus nicht gerecht werden, kommen mit einem zweiten Etikett auf den Markt. Aus diesem Grund sagen wir zu diesen Weinen auch: »Das ist der Zweitwein von Château XY!« Andere wiederum sagen: »Sorry, aber ich trinke keine Zweitweine!« In manchen Fällen gibt es sogar ein drittes Etikett (aka Drittwein).

Weine aus dem Médoc, die nicht in der Klassifikation von 1855 berücksichtigt wurden, heißen Cru Bourgeois (aka bürgerlichs Gewächs) und machen fast die Hälfte der Gesamtproduktion an Bordeaux-Weinen aus. Unterteilt werden sie in Crus Bourgeois, Crus Bourgeois Supérieurs und die Crus Bourgeois Exceptionnels. Letztgenannte sollen dabei die qualitative Spitze repräsentieren. Sie stehen für »einfachere«, aber qualitativ hochwertige Weine, die für einen vergleichsweise schmalen Taler zu haben sind. Bekannte Weingüter sind z. B. Château Haut Marbuzet, Château Haut-Beauséjour, Château Meyney oder Château de Pez. Daneben gibt es natürlich auch noch die Weine aus Pomerol mit dem berühmt-berüchtigten Château Pétrus.

Ungeachtet all dessen kann Wein aus Bordeaux sehr viel Freude bereiten – vorausgesetzt, man mag die grundsätzliche Stilistik der Weine. Solltest du dich für Weine aus Bordeaux interessieren, würde ich mich an deiner Stelle nicht auf die neuen, sondern auf ältere Jahrgänge konzentrieren. Gereifte Bordeauxweine findet man auf gut sortierten dicken Weinkarten sowie bei einigen spezialisierten Weinfachhändler:innen für vergleichsweise wenig Geld. Gerade erst neulich habe ich mich zu meinem Geburtstag mit einigen sehr guten Flaschen aus meinem Geburtsjahr eingedeckt. Dabei war keine Pulle teurer als 100 Taler – dazu sollte ich aber erwähnen, dass mein Jahrgang in Bordeaux kein besonders großer war. Die Verkostung dieser Weine hat trotzdem enorm viel Freude bereitet. Bei der Auswahl solltest du immer darauf achten, dass die Flaschen einen guten Füllstand (Abstand zwischen unterem Korkenende und Flüssigkeit) haben und der Korken zumindest noch einigermaßen intakt ist. Aus diesem Grund kaufe ich gereifte Bordeaux nur bei ausgesuchten Fachhändler:innen, bei denen ich mir sicher sein kann, dass die Weine auch vernünftig gelagert worden sind. Zu den Onlinehändler:innen, bei denen ich oft stöber und bei denen noch öfter das eine oder andere Fläschchen im Warenkorb landet, gehört z. B. Unger Weine.

Nachfolgend gibt es eine Übersicht der Bordeaux-Klassifikationen und einige Probiertipps für dich. Ich hatte dir ursprünglich eine Tabelle mit allen Châteaus inklusive aller Zweit- und Drittweine angefertigt. Da einige Weingüter aber nach und nach dem Klassifikationssystem den Rücken kehren, darunter auch namhafte Châteaus wie Cheval Blanc und Château Angélus, habe ich die Liste wieder verworfen, da sie vermutlich nur eine geringe Halbwertzeit hätte. Jetzt musst du dich eben hiermit zufriedengeben:

BORDEAUX-KLASSIFIKATION FÜR ROTWEINE AUS DEM MÉDOC

Die Bordeaux-Klassifikation von 1855 für Rotweine aus dem Médoc klassifiziert ca. 60 Weingüter in 5 Stufen – von Premier Cru (das Beste vom Besten) bis Cinquième Cru (das Fünftbeste). Das Médoc liegt am linken Ufer, die Weine werden demnach durch Cabernet Sauvignon dominiert.

Lous

PROBIERTIPPS:

PREMIER CRU (AKA 1ER CRU)

- Château Lafite-Rothschild (Pauillac)
- Château Latour (Pauillac)
- Château Margaux (Margaux)
- Château Mouton-Rothschild (Pauillac)
- Château Haut-Brion (Pessac in Graves)

DEUXIÈME CRU (AKA 2ÈME CRU)

- Château Rauzan-Ségla (Margaux)
- Château Léoville-Barton (Saint-Julien)
- Château Gruaud-Larose (Saint-Julien)
- Château Pichon Longueville Comtesse de Lalande (Pauillac)
- Château Ducru-Beaucaillou (Saint-Julien)
- Château Montrose (Saint-Estèphe)

TROISIÈME CRU (AKA 3ÈME CRU)

- Château d'Issan (Cantenac-Margaux)
- Château Langoa-Barton (Saint-Julien)
- Château Giscours (Labarde-Margaux)

- Château Palmer (Cantenac-Margaux)
- Château La Lagune (Ludon/Haut-Médoc)

QUATRIÈME CRU (AKA 4ÈME CRU)

- Château Talbot (Saint-Julien)
- Château Beychevelle (Saint-Julien)

CINQUIÈME CRU (AKA 5ÈME CRU)

- Château Pontet-Canet (Pauillac)
- Château Grand-Puy-Lacoste (Pauillac)

BORDEAUX-KLASSIFIKATION FÜR SÜSSWEINE AUS SAUTERNES UND BARSAC

Die Bordeaux-Klassifikation von 1855 für Süßweine aus Sauternes und Barsac klassifiziert ca. 26 Weingüter in 3 Stufen – von Premier Cru Supérieur (das Beste vom Besten) über Premier Cru bis Deuxième Cru (das Drittbeste). Die Süßweine werden hauptsächlich aus edelfaulen Trauben der Rebsorten Sauvignon Blanc und Sémillon gekeltert:

Lous
PROBIERTIPPS:

PREMIER CRU SUPÉRIEUR

- Château d'Yquem (Sauternes)

DIE KLASSIFIZIERUNG FÜR WEINE AUS SAINT-ÉMILION

Im Gegensatz zur Bordeaux-Klassifikation von 1855 wird die für Saint-Émilion aus dem Jahr 1955 regelmäßig überprüft (i. d. R. alle 10 Jahre). Saint-Émilion liegt am rechten

Ufer, die Weine werden demnach durch die Rebsorte Merlot dominiert. Klassifiziert sind ca. 85 Weingüter in 3 Stufen – von Premier Grand Cru Classé A (das Beste vom Besten) über Premier Grand Cru Classé B (das Zweitbeste) bis Grand Cru Classé (das Drittbeste):

Lous

PROBIERTIPPS:

PREMIER GRAND CRU CLASSÉ

- Château Figeac
- Château Troplong Mondot
- Château Bél Air-Monange

GRAND CRU CLASSÉ

- Château Fonplégade
- Château Clos de Sarpe

DIE KLASSIFIZIERUNG FÜR WEINE AUS GRAVES

Die Klassifikation für Weine aus Graves wurde in den 1950er-Jahren eingeführt. Klassifiziert wird stufenlos in Weiß- und Rotweine, also ohne Rangfolge. Alle Weine tragen den Stempel »Cru Classé«. Graves befindet sich am linken Ufer, die Rotweine werden demnach durch Cabernet Sauvignon dominiert. Bei den Weißweinen sind es die Rebsorten Sémillon und Sauvignon Blanc. Château Haut-Brion ist das einzige Weingut, das zweimal klassifiziert wurde. Es steht in der Klassifizierung der Graves und in der der Grands Crus Classés von 1855.

Lous

PROBIERTIPPS:

ROT- UND WEISSWEINE

- Domaine de Chevalier
- Château Latour-Martillac
- Château Smith Haut Lafitte
- Château La Mission Haut-Brion
- Château Pape-Clément
- Château Haut-Brion

EMPFEHLENSWERTE JAHRGÄNGE (BORDEAUX ALLGEMEIN): 1982, 1985, 1986, 1988, 1989, 1990, 1995, 1996, 1998, 2001, 2008

SPANIEN

Wenn du an Spanien denkst, kommen dir mit aller Wahrscheinlichkeit sofort Rioja und Ribera del Duero in den Sinn – berechtigte Sache, galten die zwei Regionen mehr oder weniger jahrelang auch als Synonym für Wein aus Spanien. Steht Ribera del Duero oder Rioja auf dem Etikett, handelt es sich übrigens fast immer um die rote Rebsorte Tempranillo, die gleichzeitig die meistangebaute Spaniens ist. Es gibt auch einige wirklich sehr gute Produzent:innen aus den zwei Weinanbaugebieten, die ich verdammt gerne im Glas habe. Als wesentlich interessanter, weil irgendwie aufregender, empfinde ich aber die Weine der Kanarischen Inseln. Die Weißweine entstehen hier vornehmlich aus einem Potpourri lokaler Rebsorten wie z.B. Listán Blanco (aka Palomino Fino), Marmajuelo oder Gual. Bei Rotwein sind es Rebsorten wie z.B. Listán Negro, Baboso Negro, Negramoll oder Vijariego Negro. Das sind halt einfach Weine, die an hemmungslosen Weinabenden als Erste feierlich vernichtet werden, weil sie nicht müde und satt, sondern munter und Lust auf das nächste Glas machen. Ebenfalls mitreißend finde ich einige Rotweine aus dem Nordwesten Spaniens. Aus dem Bierzo, der Ribeira Sacra sowie dem Valdeorras, der spanischen Weinregion im nordwestlichen Galizien, nahe der portugiesischen Grenze. Das, was die Weine für mich so spannend macht, sind ihre unverschämte Würze und Saftigkeit, ihre kühle Frische und der damit einhergehende Trinkfluss. Verantwortlich dafür ist in den meisten Fällen die charaktervolle Rebsorte Mencia, die meiner Meinung nach viel zu wenig Beachtung findet und erstaunlich gut reifen kann.

PROBIERTIPPS FÜR SPANIEN: Envínate, Matías i Torres, Azul Perdido, Dominio del Águila, Bodegas Guímaro, Descendientes de J. Palacios, Alvaro Palacios, Bodega Palacios Remondo, Bodega Marañones, Telmo Rodríguez Valdeorras, Telmo Rodríguez Rioja, Fedellos do Couto, Luis Pérez, Callejuela, Muchada-Léclapart, Ramiro Ibáñez (Bodega Cota 45), Michelini i Mufatto, López de Heredia – Viña Tondonia, La Rioja Alta, Vega Sicilia

EMPFEHLENSWERTE JAHRGÄNGE (SPANIEN ALLGEMEIN): 2004, 2005, 2009, 2010, 2011, 2012, 2014, 2015, 2016, 2019, 2021

Pizza, Pasta und Amore – äh, und Wein! Machen wir uns beim Thema Frankreich noch vor Ehrfurcht in die Hose, weil wir »Puligny-Montrachet« nicht richtig aussprechen können, bestellen wir den Vino am Gardasee mit den Worten: »Scusi, wir nehmen noch so eine Runde!«. Egal ob Prosecco, Lambrusco oder Chianti – es gibt kein anderes Weinanbauland Europas, das den Deutschen so nah ist wie Italien. Das Land, das weiß mittlerweile jedes Kind, ist geformt wie ein Stiefel. Der Schaft repräsentiert den Norden, weiter geht's mit Mittelitalien, und ganz unten am Absatz des Stiefels, da befindet sich der Süden mit den Inseln Sizilien und Sardinien. Der Weinbau Italiens erstreckt sich über 20 Weinanbauregionen und umfasst eine Rebfläche von ca. 700 000 Hektar. Damit ist Italien nicht nur eins der größten weinproduzierenden Länder der Welt. Durch die Vielfalt an autochthonen Rebsorten und regionalen Weinstilen ist es auch eins der legendärsten.

Mit den Weinqualitäten der jeweiligen Regionen verhält es sich ein bisschen wie mit dem Fernsehprogramm: Im Norden gibt's die fesselnden Thriller, in der Mitte noch den einen oder anderen richtig guten Tatort, und je südlicher man kommt, desto mehr häufen sich die Einsätze von SOKO Stuttgart und Notruf Hafenkante – ab und an wird hier eine gute Story geliefert, aber eigentlich sind es eher so Kriminalfälle für jeden Tag. Die spannungsgeladensten Weine kommen meiner Meinung nach aus dem Piemont und der Toskana.

PIEMONT

Das Piemont ist nicht nur bekannt für die gute Küche und vor allem seine Trüffel. Die Region am Fuße der Alpen mit der Hauptstadt Turin umfasst eine Gesamtrebfläche von ca. 50 000 Hektar und ist verantwortlich für einige der berühmtesten Weine Italiens. Genauso wie im Burgund werden auch die Weine aus dem Piemont immer kostspieliger. Allen voran: Barolo und Barbaresco, die beide aus der Rebsorte Nebbiolo gekeltert werden. Gewachsen auf den für Barolo und Barbaresco so typischen kalkhaltigen Ton- und Mergelböden, entstehen aus ihr elegante und gleichermaßen kraftvolle Rotweine, deren Lagerpotenzial sich sehen lassen kann. Typisch für diese Weine sind ihre an Ziegeldächer erinnernde Farbe, Aromen von Sauerkirschen, Preiselbeeren, Hibiskusblüte, getrockneten Feigen, Leder, Tonboden und Anis sowie eine kräftige Säure- und Tanninstruktur. Wenn du auf der Suche nach erschwinglicheren, aber nicht weniger guten Exemplaren der Rebsorte bist, solltest du es mit Weinen aus der südlich von Alba gelegenen Region Langhe versuchen. Ein gescheiter Langhe Rosso kann meiner Meinung nach ähnlich viel Freude bereiten wie ein Barolo. Im Piemont gibt's aber nicht nur Nebbiolo, sondern auch die Rebsorte Barbera. Je nachdem von wo der Barbera stammt – Asti, Monferrato oder eben aus Alba –, entstehen aus der Rebsorte mittelkräftige Rotweine mit viel Säure und Tannin. Dabei können sie so saftig und appetitanregend wie ein ganzes Glas entsteinter Sauerkirschen sein. Von Alkoholwerten um die 13,5 bis 14,5 % oder mehr und einem Hauch flüchtiger Säure solltest du dich beim Barbera übrigens nicht abschrecken lassen. Für Weine aus dieser Rebsorte kann dies durchaus ein charakteristisches Merkmal sein. Sollte dir Barbera zu heftig sein, versuch mal Rotwein aus der Rebsorte Dolcetto. Und bitte nicht vom Namen irritieren lassen. Das »Dolce« in Dolcetto hat nichts mit der Geschmacksrichtung der daraus resultierenden Weine zu tun. Im Gegenteil, mich erinnern die Aromen eines rustikalen Dolcetto oft an grüne Tomatenstängel oder konzentriertes Tomatenmark.

Lous

PROBIERTIPPS: Giuseppe Mascarello, Bartolo Mascarello, Angelo Gaja, Giacomo Conterno, Comm. G.B. Burlotto, Giuseppe Rinaldi, Philine Isabelle Dienger, Cantina d'Arcy, Roberto Voerzio, Aldo Conterno, Vietti, Paolo Scavino, Bruno Giacosa, Giovanni Rosso (aka Ester Canale)

EMPFEHLENSWERTE JAHRGÄNGE (PIEMONT ALLGEMEIN): 1996, 1999, 2001, 1998, 1999, 2000, 2001, 2004, 2006, 2008, 2010, 2014, 2015, 2016, 2019, 2020

TOSKANA

Die Toskana ist die Heimat von einigen sehr bekannten Rotweinen, die sich weltweit großer Beliebtheit erfreuen und in denen die rote Rebsorte Sangiovese fast immer den dominierenden Part übernimmt. Genau, die Rede ist von Chianti Classico, Brunello di Montalcino oder dem Vino Nobile di Montepulciano. Typisch für die Rebsorte Sangiovese ist ihre Wandlungsfähigkeit. In vielerlei Hinsicht gleicht sie einem

Chamäleon. Dabei sind die Herkunft, also der Ort, das Kleinklima und der Boden, auf dem sie gewachsen ist, von entscheidender Bedeutung für die Stilistik und aromatische Ausprägung des Weins. Darüber hinaus gibt es sehr viele Spielarten, also natürliche Mutationen der Sorte Sangiovese. Für einen Brunello di Montalcino darf beispielsweise ausschließlich die Rebsorte Sangiovese Grosso verwendet werden. Ein Chianti Classico hingegen besteht zwar hauptsächlich aus Sangiovese, darf aber mit bis zu 20 % anderen Rebsorten wie Cabernet Sauvignon, Merlot oder den hier lokal ansässigen Rebsorten wie Colorino und Canaiolo verschnitten werden. Traditioneller Chianti Classico ist ein unkomplizierter Rotwein mit einer erfrischenden Säurestruktur, kernigem Gerbstoff und feiner Frucht. Wenn du auf der Suche nach ein bisschen mehr Bums bist, achte bei Chianti Classico auf die Angaben »Riserva« und »Gran Selezione«, die beide für eine längere Fass- und Flaschenreife stehen. Ein Brunello di Montalcino mit dem typisch würzig-toskanischen Charakter hingegen fällt eher in die Kategorie »fein nuanciertes Muskelpaket«. Er gehört zweifelsohne zu den Spitzenweinen der Toskana und kommt oft erst nach ein paar Jahren der Lagerung so richtig in Fahrt. Solltest du zu den Ungeduldigen gehören oder ganz einfach keine Scheine durch den Club werfen wollen, versuch mal den kleinen Bruder des Brunello, den Rosso di Montalcino.

GUT ZU WISSEN: Verwechselt wird der Vino Nobile di Montepulciano auch gerne mit der Rebsorte Montepulciano aus der Region Abruzzen, die ungefähr vier Autofahrstunden von der Toskana entfernt liegt. Der gute alte Montepulciano d'Abruzzo war jahrelang – ach, was rede ich, Jahrzehnte – ein nicht wegzudenkender Klassiker in der Gastronomie. Kaum verwunderlich, denn Montepulciano ist mit seinem rustikalen und zugleich saftigen Charakter ein echter People Pleaser. Und ja, nach wie vor ist er eine der meistangebauten Rebsorten in Mittelitalien. Bis auf gehypte Exemplare von Weingütern wie Valentini oder Emidio Pepe entstehen aus der Rebsorte aber eher einfache Tischweine, die selbst bei absoluten Rotwein-Anfänger:innen in den seltensten Fällen für Überforderung sorgen.

Lous

PROBIERTIPPS FÜR DIE TOSKANA: Montevertine, Monteraponi, Fèlsina, Gianfranco Soldera, Casanuova delle Cerbaie, Poggio di Sotto, Poggio Antico, Altesino, Paradiso di Manfredi, Castello di Ama

EMPFEHLENSWERTE JAHRGÄNGE (TOSKANA ALLGEMEIN): 1999, 2001, 2004, 2010, 2012, 2015, 2016, 2019, 2021

Riesling rules! Irgendwie schizophren, denn das, was der Deutsche im Normalfall überhaupt nicht leiden kann, ist Säure. Und trotzdem ist Riesling die meistangebaute Rebsorte Deutschlands und überwiegt in fast jedem Weinanbaugebiet. Davon haben wir übrigens 13. Das größte ist Rheinhessen, gefolgt von der Pfalz und Baden. Entgegen landläufiger Meinung können wir Deutschen aber nicht nur Weißwein. Die Rotweine Deutschlands, insbesondere die aus der Rebsorte Spätburgunder (aka Pinot Noir), ob nun von der Ahr, aus Baden, Franken oder der Pfalz, haben sich erfolgreich an die internationale Spitze gekämpft. Fast jede Region Deutschlands ist bekannt für eine ganz bestimmte, ja schon fast traditionelle Rebsorte. In Württemberg sind es zum Beispiel saftige Vesperweine aus der roten Rebsorte Trollinger (aka Vernatsch) und kraftvolle sowie gleichermaßen elegante Rotweine aus Lemberger (aka Blaufränkisch). Im Markgräflerland nehmen sich einige Winzer:innen ernsthaft des weißen Gutedel (aka Chasselas) an, in Rheinhessen und Franken ist es der Silvaner, und die Mosel ist nicht nur bekannt für trockene, sondern eben auch für erstklassige frucht- und edelsüße Rieslinge mit Prädikat. Mehr zu Deutschland findest du in den Kapiteln »Kleine Etikettenkunde« und »Schaumwein«.

Lous

PROBIERTIPPS: Weingut Karl Haidle, Weingut Lassak, Weingut Rainer Schnaitmann, Weingut Bernhard Huber, Weingut Franz Keller, Weingut Ziereisen, Weingut Peter Wagner, Weingut Salwey, Weingut Klumpp, Weingut Luckert, Weingut Rudolf May, Weingut Rudolf Fürst, Weingut Bertram Baltes, Weingut Jean Stodden, Weingut Dr. Loosen, Weingut Egon Müller-Scharzhof, Weingut Maximin Grünhaus – Weingut der Familie Schubert, Weingut Willi Schäfer, Weingut Julian Haart, Weingut Georg Breuer, Weingut Peter Jakob Kühn, Weingut Gunderloch, Weingut Wittmann, Weingut Klaus Peter Keller, Weingut Kühling-Gillot, Weingut Katharina Wechsler, Weingut Battenfeld-Spanier, Weingut Rings, Weingut A. Christmann, Weingut Ökonomierat Rebholz, Weingut Dr. Bürklin-Wolf, Weingut Karsten Peter, Weingut Margarethenhof, Weingut Bietighöfer, Weingut Fußer, Weingut Sven Leiner, Konni & Evi

EMPFEHLENSWERTE JAHRGÄNGE (DEUTSCHLAND ALLGEMEIN): 1971, 1975, 1983, 1988, 1990, 1993, 1995, 1997, 2001, 2004, 2008, 2009, 2010, 2012, 2015, 2016, 2019, 2020, 2021

ÖSTERREICH

Da mein Partner »a Steirer Bua« ist und damit die österreichisch-deutsche Beziehung nicht in eine Schieflage gerät, muss ich hier zwangsläufig auch noch etwas zu Österreich bringen. Spaß beiseite. Ich finde nicht nur Schnitzel, Backhendl und Kaiserschmarrn sensationell, sondern auch

Wein aus Österreich. Ich würde sogar behaupten, dass ich aktuell mehr Stoff aus Österreich als aus Deutschland im Glas habe – shame on me! Vielleicht liegt es daran, dass das Gras auf der anderen Seite immer grüner ist, vielleicht aber auch daran, dass Wein aus Österreich in den vergangenen Jahren ganz schön Gas gegeben hat. Aufgrund seiner heterogenen Beschaffenheit hinsichtlich Böden und Klimata ist das Weinland in der Lage, etliche Stilistiken zu spielen: ob traditioneller Grüner Veltliner aus dem Kamptal oder der Wachau, Blaufränkisch aus dem Burgenland oder Sauvignon Blanc aus der Steiermark sowie spektakuläre Schaum- oder Süßweine, die ihresgleichen suchen. Hat man früher des Öfteren versucht, die Weinstile der großen Weinbaunationen zu kopieren, strotzen die Weine Österreichs heute vor Eigenständigkeit und Selbstbewusstsein. Nicht zuletzt aufgrund österreichischer Naturwein-Pioniere wie Sepp Muster, Franz Strohmeier und Ewald Tscheppe oder der PANNOBILE-Winzer:innen des Burgenlands, sondern auch wegen der Stilveränderung wichtiger Betriebe wie Christian Tschida und der Neugründung von Weingütern wie Gut Oggau empfinde ich Österreich mit seiner Nähe zu naturweinaffinen Ländern wie Slowenien, Ungarn und Italien in vielerlei Hinsicht als Vorreiter-Weinanbauland der DACH-Region im Bereich qualitativ hochwertiger Naturals. Und immer mehr Winzer:innen kommen aus ganz unterschiedlichen Beweggründen dazu. Auch nimmt das Land im Hinblick auf nachhaltige Bewirtschaftungsformen eine vorbildliche Rolle ein: Ca. 20 % der Gesamtrebfläche wird bereits ökologisch und 15 % biodynamisch bewirtschaftet. Apropos Rebfläche: Weinbau wird in Österreich auf ca. 45 000 Hektar betrieben, die sich grob gesagt auf die vier Hauptanbauregionen Niederösterreich, Burgenland, Steiermark und Wien verteilen. Daneben findet man aber auch noch ein bisschen Weinbau in den Gebieten Kärnten, Oberösterreich, Salzburg und in Tirol in der Weinregion Bergland. Österreich ist ein Weißweinland. Allen voran wird die Rebsorte Grüner Veltliner kultiviert, gefolgt von Welschriesling, Riesling und Chardonnay, welcher in der Südsteiermark auf den Namen Morillon hört. Bei den Roten befindet sich mengenmäßig Zweigelt an der Spitze, dahinter reiht sich der Blaufränkisch ein.

GUT ZU WISSEN: Welschriesling (aka Olaszrizling oder Graševina) solltest du nicht mit dem bei uns in Deutschland angebauten weißen Riesling (aka Rheinriesling) verwechseln. Bis auf die Farbe haben die beiden nicht wirklich viel gemein. Entstanden aus Welschriesling bis vor wenigen Jahren primär einfache und preiswerte Weine, die vorzugsweise in der »Bückzone« der Weinregale anzutreffen waren, haben sich der Rebsorte heute wieder einige Winzer:innen ernsthaft angenommen. Neben der mitunter knackigen Säurestruktur finde ich je nach physiologischer Reife der Beeren den Duft nach Äpfeln, angetrockneten Blumen und Heu sehr typisch. Wenn du neugierig geworden bist, versuch mal Welschriesling von den Weingütern Tement, Kolfok, Stracker, Peter Wetzer, Gross, Wachter-Wiesler oder Christoph Polz.

Lous

PROBIERTIPPS: Weingut Wachter-Wiesler, Weingut Prieler, Weingut Nittnaus, Weingut Krutzler, Weingut Heinrich, Moric, Kolfok, Weingut Rosi Schuster, Weingut Lichtenberger González, Weingut Bernhard Ott, Weingut Alzinger, Weingut Herbert Zillinger, Weingut Jurtschitsch, Weingut Hirsch, Weingut Bründlmayer, Weingut Ebner-Ebenauer, Weingut Veyder-Malberg, Weingut Johannes Zillinger, Weingut Maria und Sepp Muster, Weingut Velich, Weingut Tement, Weingut Pichler-Krutzler, Weingut Gross

EMPFEHLENSWERTE JAHRGÄNGE (ÖSTERREICH ALLGEMEIN): 1997, 1999, 2000, 2002, 2004, 2007, 2010, 2013, 2015, 2017, 2020, 2021

SLOWENIEN

Wein aus Slowenien sorgt aktuell für viel Furore. Das Land gehört zu den aufstrebendsten Weinanbauregionen Osteuropas. Immer häufiger wird man in Weinshops und auf Weinkarten, insbesondere in den hippen Metropolen Europas, mit Wein aus Slowenien konfrontiert. Um ein Weinanbauland und dessen Strukturen zu verstehen, muss man sich meiner Meinung nach auch einmal mit der politischen Geschichte des jeweiligen Landes auseinandersetzen. Slowenien war jahrzehntelang durch den Kommunismus geprägt, was sich in den weinbaulichen Strukturen des Landes bis heute widerspiegelt. Aufgrund der vielen kleinen

Nebenerwerbswinzer:innen in Slowenien kann man gar nicht so genau sagen, wie viele Hektar Rebfläche das Land umfasst. Man schätzt zwischen 15 000 und 20 000 Hektar. Slowenien grenzt an Kroatien, Italien, Ungarn und Österreich und unterteilt sich in drei Hauptanbaugebiete – Posavje, Primorska und Podravje. Dabei ist Podravje im Nordosten mit etwas mehr als 6000 Hektar Rebfläche die größte Weinanbauregion des Landes. Ganz allgemein gesprochen ist Slowenien ein Weißweinland. Zu den Top-3-Rebsorten gehören Welschriesling, Furmint und Sauvignon Blanc. Daneben findet man aber auch Gewürztraminer, Gelben Muskateller, Grauburgunder, Riesling und viele weitere heimische Rebsorten wie z. B. Rebula oder Ranina. Bei den roten Rebsorten sind Blaufränkisch (die hier Modra Frankinja heißt), Cabernet Sauvignon und Merlot sehr populär. Ein Großteil der Weinberge in Slowenien wurde in den 1970er-Jahren terrassenförmig angelegt. Dabei handelt es sich vornehmlich um breit angelegte Großterrassen mit einer verhältnismäßig geringen Pflanzdichte. Sie bieten viel Platz für Diversität (Mischkultur) und können zudem mit Traktoren befahren werden. Auch die Böden selbst sind in Slowenien sehr differenziert, der vorherrschende Bodentyp aber ist der Opok, auch bekannt als Kalkmergel.

Lous

PROBIERTIPPS: Marjan Simčič, Roka Winery, Šuklje, Marof, Vino Gross, Domaine Ciringa

Ja, auch meine Eltern gehörten Ende der 90er-Jahre zu denjenigen, die sich in Südafrika selbstständig machen wollten. Wir saßen mehr oder weniger auf gepackten Koffern, bereit für ein neues und anderes Leben am südlichsten Zipfel Afrikas – wäre da nicht die Sache mit der Bank gewesen. Meine Eltern hatten mehrere Jahre auf der MS Europa hart gebuckelt, die Welt mehrfach umrundet und so ziemlich jeden Winkel dieser Erde gesehen. Irgendwas aber scheint sie an Afrika besonders fasziniert zu haben. Seit unserer gescheiterten Auswanderungsgeschichte hat sich zugegebenermaßen viel verändert – zum Positiven, aber auch zum Negativen. Was damals noch völlig exotisch war, ist heute kaum noch der Rede wert. Ich meine Südafrika – im Sommer hocken wir Deutschen in den Cape Winelands wie die Hühner auf der Stange. Eine wilde Mische aus Disneyland und Ballermann für weinaffine Menschen. Es gibt sie aber noch, die schönen und unberührten Ecken Südafrikas, fernab der ausgetretenen Pfade und des teilweise unverantwortlichen Billigtourismus, der weniger einen Beitrag zur Entwicklung des Landes als zum sanften Kolonialismus leistet. Und trotzdem oder gerade weil ich mit meinen Eltern als Kind so oft vor Ort war – in der Transkei, Durban oder eben auch in den Metropolen wie Kapstadt oder Johannesburg –, verspüre ich mit diesem Land immer noch eine seltsame Verbundenheit.

Ähnlich wie in europäischen Weinanbaugebieten wird Weinbau in Südafrika seit über 350 Jahren praktiziert. Das

Ende der Apartheid 1994 stellte Südafrika aber vor extreme kulturelle, ökonomische und strategische Herausforderungen. Bis 1994 war das Land durch große Genossenschaftskellereien wie beispielsweise die KWV geprägt, die die Produktion des ganzen Landes kontrollierten. Eigenständig geführte Weingüter gab es wenige bis keine.

95 % der südafrikanischen Rebflächen liegen am Western Cape, das als das größte und facettenreichste Ökosystem der Welt gilt. Zum Schutz dieser Naturvielfalt wurde 1973 das IPW-Zertifikat eingeführt, was für Integrated Production of Wine steht, mit dem integrierten Weinbau in Deutschland vergleichbar ist und die nachhaltige Weinbauproduktion unterstützt – den Sticker hast du vielleicht schon einmal auf der Kapsel südafrikanischer Weine gesichtet. Im südafrikanischen Weinrecht werden vier Produktionsgebiete (Geographical Unit, Region, District, Ward) unterschieden. Dabei bildet das »Wine of Origin (WO)« die rechtliche Grundlage. Zum besseren Verständnis habe ich dir ein Beispiel anhand des Weinanbaugebiets Stellenbosch rausgekramt:

- Geographical Unit: bildet die größte geografische Einheit, z. B. Western Cape
- Region: ist sozusagen ein Teilabschnitt, z. B. Coastal Region
- District: ist vergleichbar mit einem Weinanbaugebiet aus Deutschland, z. B. Stellenbosch
- Ward: bezieht sich sozusagen auf eine bestimmte Ortschaft bzw. Lage, z. B. Simonsberg-Stellenbosch

Daneben findest du des Öfteren auch die Angabe »Single Vineyard« auf den Etiketten südafrikanischer Weine. Weine mit diesem Zusatz stammen aus klar abgegrenzten Einzellagen, die nicht größer als sechs Hektar sind und auf denen nur eine Rebsorte gepflanzt werden darf. Daneben gibt es noch die Bezeichnung »Estate Wine«, bei dem die Trauben von weingutseigenen Weinbergen stammen müssen.

Südafrika umfasst eine Gesamtrebfläche von ca. 100 000 Hektar, was in etwa vergleichbar mit der Rebfläche Deutschlands ist. Zu den größten Weinanbaugebieten zählen Stellenbosch, Paarl, Robertson und das Swartland. Anders als oft vermutet, steht Südafrika für Weißwein. Zu den meistangebauten Rebsorten zählen Chenin Blanc, Colombard und Sauvignon Blanc. Bei den Roten sind es Cabernet Sauvignon, Shiraz und Pinotage. Südafrikas Antwort auf Bordeaux ist der Cape Blend, eine Cuvée aus mehreren Rebsorten. Immer mit dabei, und zwar mit mindestens 30 %, ist die einheimische Rebsorte Pinotage. Weitere Rebsorten sind Cabernet Sauvignon, Shiraz, Cinsault und Petit Verdot.

Bis schätzungsweise 1996 wussten die Südafrikaner:innen nicht, dass es sich bei dem länderspezifischen Synonym »Steen« um die Rebsorte Chenin Blanc handelt. Mit ca. 16 000 Hektar ist Südafrika Chenin-Blanc-Spezialist, kein anderes Land der Welt kann diese Zahl toppen! Die Rebsorte kam in Südafrika früher hauptsächlich für Destillationszwecke und die Produktion von Branntwein zum Einsatz. Heute entstehen aus ihr einige der besten Weine Südafrikas. Auch einst vergessene Rebsorten wie Colombard oder Sémillon erleben aktuell ein Comeback. Insbesondere reinsortig ausgebauter Sémillon kann eine Wucht sein. Aus Colombard hingegen entstehen aromatisch-frische Weißweine, die mich nicht selten an Welschriesling erinnern.

Solltest du in Südafrika mal in einem Restaurant hocken und auf der Weinkarte über die Bezeichnung »MCC« stolpern, dann handelt es sich dabei um südafrikanischen Schaumwein, der mittels der klassischen Flaschengärung hergestellt wird und mindestens 12 Monate auf der Hefe liegen muss. Früher stand MCC für »Méthode Cap Classique«. Heute heißt es einfach nur noch »Cap Classique«. Es können fast alle Rebsorten für die Herstellung von MCC eingesetzt werden. In der Praxis bedient man sich aber hauptsächlich an Pinot Noir und Chardonnay. Ach ja, wenn du anfängst, dich mit Weinen aus Südafrika zu beschäftigen, werden dir zwangsläufig auch einmal die Begriffe »Old Vines« oder »Old Vine Project« zu Ohren kommen. Dabei geht es um die Erhaltung alter Weinbergsanlagen, die mit Rebstöcken bepflanzt sind, die älter als 35 Jahre sind.

PROBIERTIPPS: Storm Wines, Alheit Vineyards, David & Nadia, Reyneke, Angus Paul Wines, Beaumont Family Wines, Creation Wines, Lourens Family Wines, Savage Wines, Mullineux & Leeu Family Wines, Testalonga, Luddite Wine Farm, Muratie Wine Farm, The Sadie Family, Kanonkop, Charles Fox, Ambeloui Wines

BUBBLES, PLEASE! ALLES, WAS DU ÜBER CHAMPAGNER, CAVA & CO. WISSEN SOLLTEST!

Paradoxerweise ist Schaumwein meine große Leidenschaft. Paradox, weil ich die Prüfung »Technologie des Schaumweins« zweimal in Folge versemmelt habe und erst im dritten Anlauf mit Bravour bestand. Es ist eben noch keine Meisterin vom Himmel gefallen – oder so ähnlich. Heute kann ich von Schaumwein jedenfalls nicht genug bekommen, theoretisch und selbstverständlich auch praktisch. Aus diesem Grund habe ich ein sehr ausführliches und detailliertes Kapitel über die – meiner Meinung nach – wichtigsten Schaumweine der Welt geschrieben, um dir die wesentlichen Informationen an die Hand zu geben. Egal ob du beim Lesen der nächsten Seiten schwer durstig wirst, gerade in der Weinausbildung bist oder das nächste Schaumwein-Pröbchen in den eigenen vier Wänden planst: Zu jeder »Schaumwein-Kategorie« habe ich dir – wie in jedem Kapitel – meine Lieblingspullen zum Nachtrinken aufgeschrieben. Und weil bei dem ganzen Schaumwein-Begriffschaos bei vielen die Fragezeichen aufploppen, gibt's on top auch noch »Lous kleines Schaumwein-Glossar«. Aber zuerst: Wie wird Schaumwein eigentlich hergestellt?

WIE WIRD SCHAUMWEIN HERGESTELLT?

Es gibt sehr viele Methoden, das Prickelnde in die Flasche zu bekommen. Dabei sind alle Herstellungsverfahren mehr oder weniger eine Abwandlung bzw. Vereinfachung der »klassischen Methode« (aka Méthode Champenoise, traditionelle Flaschengärung). Hast du das Prinzip der Flaschengärung einmal verstanden, wird dir die ganze Thematik »Schaumwein« in Gesprächen und während Verkostungen wesentlich leichter fallen. Ganz wichtig: Bei der klassischen Methode muss die zweite Gärung, aus der schlussendlich auch die Kohlensäure stammt, immer in der Flasche stattfinden. Und wie das Ganze funktioniert, das erkläre ich dir jetzt:

DER GRUNDWEIN

Um einen Schaumwein mittels der klassischen Methode herstellen zu können, benötigt man erst einmal einen Grundwein. Dieser Grundwein ist meist eine Cuvée (aka Verschnitt, Blend oder auch Assemblage), die sich aus mehreren fertig gegorenen Weinen verschiedener Rebsorten, Jahrgänge und / oder Weinbergslagen zusammensetzen kann. Wie die einzelnen Grundweine ausgebaut und zu welchen Anteilen sie schlussendlich miteinander verschnitten werden, das entscheiden die Winzer:innen oder Schaumweinhäuser selbst.

DIE ZWEITE GÄRUNG

Die fertige Cuvée wird dann unter der Zugabe von Hefe und Zucker (aka Fülldosage, Tiragelikör) in Schaumweinflaschen gefüllt und mit einem Kron- oder Naturkorken (aka Tirage sous liège, Reife unter Kork) verschlossen. Dadurch wird die zweite Gärung eingeleitet. In der Folge entstehen Alkohol und Kohlensäure. Nach abgeschlossener Gärung hat die Hefe, nachdem sie den ganzen Zucker aufgefressen hat, nichts mehr zu tun und fällt tot zu Boden. Die Hefezellen sind aber nicht einfach nur tot, sondern geben geschmacksfördernde Stoffe wie z.B. Mannoproteine und Aminosäuren an den Schaumwein ab. Deshalb müssen Schaumweine, die mittels der traditionellen Flaschengärung produziert werden, nach Beendigung der zweiten Gärung auch noch einige Zeit auf der Hefe verbringen. Für Sekt sind z.B. 9 Monate, für Champagner 15 Monate gesetzlich vorgeschrieben. Einige Produzent:innen gehen aber weit über die gesetzlichen Mindestanforderungen hinaus und entfernen das Hefedepot erst nach mehreren Jahren oder sogar Jahrzenten. Während der Verkostung von Schaumwein hauen wir deshalb auch oft so Fragen raus, wie: »Kannst du mal was zur Dauer des Hefelagers sagen?« Je länger das Hefelager ist, desto vielschichtiger können die Textur und der Geschmack eines Schaumweins ausfallen und umso intensiver können die Aromen sein, die einen an Brioche, Nüsse & Co. denken lassen.

DAS DÉGORGEMENT

Nach dem Hefelager muss die Hefe aus der Flasche entfernt werden, und das erfolgt mittels der Remuage und des Dégorgements. Dabei werden die Schaumweinflaschen kopfüber in ein Rüttelpult (händisch) oder in eine Rüttelbox (maschinell) gestellt und über einen Zeitraum von ca. 1–4 Wochen behutsam gerüttelt. Die Schaumweinflaschen werden jeden Tag gerüttelt und damit von einer waagerechten in eine fast senkrechte Position gebracht. Dabei rutscht das Hefedepot immer weiter in den Flaschenhals. Im Anschluss an das Rütteln erfolgt das Dégorgement. Dabei wird der Flaschenhals der Schaumweinflasche, in dem sich das Hefedepot befindet, kopfüber in ein Eisbad von ca. -30 °C getaucht (aka Dégorgement à la Glace). Dadurch gefriert der Hefesatz und kann rückstandslos entfernt werden. Da auf der Flasche ein ziemlich hoher Druck steht, schießt beim Entfernen des Kron- oder Naturkorkens nicht nur die Hefe, sondern auch ein Teil des Schaumweins heraus.

DIE GESCHMACKSRICHTUNG

Um diesen Füllverlust auszugleichen, wird dem Schaumwein die sogenannte Versanddosage (aka Liqueur d'Expédition) zugesetzt. Dieses Gemisch besteht meistens aus Zucker und Grundwein und gleicht nicht nur den entstandenen Füllverlust aus. Es versetzt den durchgegorenen Schaumwein auch mit der gewünschten Süße und bestimmt damit den Restzuckergehalt und folglich den Geschmack eines Schaumweins.

DIE AUSSTATTUNG

Danach muss der Schaumwein mit einem speziellen Schaumweinkorken verschlossen und dieser wiederum mit einer Haltevorrichtung (aka Agraffe) gesichert werden. Zum Schluss kommt noch ein hübsches Etikett drauf und schwuppdiwupp – fertig ist das Gerät!

GUT ZU WISSEN: Steht auf dem Rückenetikett nur »Flaschengärung« ohne den Zusatz »traditionell« oder »klassisch«, handelt es sich auch nicht um einen Schaumwein der klassischen Methode. Die zweite Gärung findet zwar in der Flasche statt, der Schaumwein wird dann aber zur Entfernung des Hefedepots und zur Bestimmung des Geschmacks mittels Versanddosage in große Drucktanks aus Edelstahl umgefüllt. Hierbei handelt es sich um das Transvasierverfahren (aka Flaschengärung). Dieses Verfahren findet oft Anwendung bei der Produktion großer Schaumweinmengen, da das Rütteln und Dégorgieren jeder einzelnen Flasche wegfällt und es keine geschmacklichen Unterschiede gibt – jede Flasche schmeckt gleich. Die »traditionelle Flaschengärung« solltest du also nicht mit der »Flaschengärung« verwechseln. Solltest du beim Verbraucherschutz arbeiten – this is your call! Schaumweine, die immer mit der klassischen Flaschengärung hergestellt werden müssen, sind z. B. Champagner, Cava, Franciacorta oder Crémant.

SPICKZETTEL: DIE GESCHMACKSRICHTUNGEN BEI SCHAUMWEIN

Die Geschmacksrichtungen bei Schaumwein können zugegebenermaßen auf den ersten Blick etwas verwirrend sein. Die Geschmacksbezeichnung »trocken« auf dem Etikett eines Schaumweins ist beispielsweise nicht mit dem Restzuckergehalt eines trockenen normalen Weins, also eines Weins ohne Kohlensäure, gleichzusetzen:

brut nature (aka brut zero, dosage zero, pas dosé)	max. 3 g/l Restzucker
extra brut (aka extra herb)	max. 6 g/l Restzucker
brut (aka herb)	max. 12 g/l Restzucker
extra trocken (aka extra dry, extra secco)	max. 12–17 g/l Restzucker
trocken (aka dry, secco, sec)	max. 17–32 g/l Restzucker
halbtrocken (aka demi-sec, semi-sec, medium dry)	max. 32–50 g/l Restzucker
mild (aka doux, dulce, dolce, sweet)	> 50 g/l Restzucker

GUT ZU WISSEN: Die Restzuckergehalte sind für fast alle Länder einheitlich definiert. Lediglich die jeweiligen Übersetzungen solltest du dir merken.

CAVA

Unabhängig vom Preis ist Cava, der spanische Qualitätsschaumwein, zu einem meiner liebsten Schäumer geworden. Für einen guten Cava lass ich Crémant, Sekt und Franciacorta links liegen. Von der Weinwelt allerdings bleibt er oft gänzlich unbeachtet, und das völlig zu Unrecht – denn Cava kann mehr als einfach nur Freixenet & Co. Das Cava-Spektrum ist, ungelogen, beachtlich. Von frisch, spritzig und fruchtig bis cremig, komplex und elegant ist hier alles dabei. Und ja, der Preis ist schon irgendwie entscheidend. Es macht richtig Spaß, sich einige Flaschen Cava der unterschiedlichsten Qualitäten und Stilistiken nach Hause zu holen und sich einfach mal mit Freund:innen durchzuprobieren. Denn anders als bei Champagner muss man hier bei vergleichbaren Qualitäten nicht gleich ein Vermögen hinblättern. Das weckt Neugier, insbesondere bei Nicht-Etikettentrinker:innen, motiviert und sorgt für ordentlich Laune.

95 % aller Cavas kommen aus der Region Katalonien. Genauer gesagt aus dem Penedès rund um die »Cava-Hauptstadt« Sant Sadurní d'Anoia. Weitere Weinregionen innerhalb und außerhalb Kataloniens, die für die Cava-Produktion wichtig sind: La Rioja, Valencia, Navarra, Aragon, Baskenland und Extremadura. Fasst man alle Gebiete zusammen, in denen Cava hergestellt werden darf, erhält man die D.O. Cava. Sie bezieht sich nicht auf ein einziges Weinanbaugebiet, sondern versteht sich vielmehr als ein Qualitätszeichen. Unter der »Marke« D.O. Cava versam-

meln sich heute rund 205 Cava-Produzent:innen plus 144 Erzeuger:innen für Grundwein.

Der klassische Cava besteht i. d. R. aus den drei folgenden weißen Rebsorten: Macabeo (aka Macabeu oder Viura), Xarello (aka Xarel·lo) und Parellada. Für die Herstellung von Cava Rosé kommen die spanischen Rebsorten Trepat, Garnacha und Monastrell zum Einsatz. Weitere Rebsorten, die für die Produktion von Cava zulässig sind: Chardonnay, Pinot Noir (aka Spätburgunder) und Subirat Parent (aka Malvasía).

Ein Cava, genauso wie ein Champagner, muss übrigens immer mittels der traditionellen Methode bzw. der traditionellen Flaschengärung hergestellt werden – die zweite Gärung, aus der schlussendlich auch die Kohlensäure stammt, findet also immer in der Flasche statt.

Jeder Cava (aka Cava de Guarda) muss für mindestens 9 Monate auf der Hefe gelegen haben. Ein Reserva (aka Cava de Guarda Superior Reserva) für mindestens 18 Monate und ein Gran Reserva (aka Cava de Guarda Superior Gran Reserva) für mindestens 30 Monate. Ein Cava Paraje Calificado, die qualitative Spitze, stammt von einer qualifizierten Einzellage und muss für mindestens 36 Monate auf der Hefe liegen.

GUT ZU WISSEN: Don't call it Cava! Nicht jeder Schaumwein aus Spanien bzw. dem Penedès ist auch automatisch ein Cava. Innerhalb der D.O. Cava gab es in den vergangenen Jahren nämlich sehr viele Veränderungen. Infolgedessen haben einige Produzent:innen die D.O. verlassen und mehr oder weniger ihre eigenen Herkunftsbezeichnungen mit eigenen und oft höheren Qualitätsstandards ins Leben gerufen. Wichtige Herkünfte außerhalb der D.O. Cava sind z. B. Corpinnat (EU-Kollektivmarke), darunter namhafte Produzent:innen wie Gramona und Recaredo. Daneben gibt es noch Clàssic Penedès (erste ökologische Schaumweinbezeichnung der Welt) und Conca del Riu Anoia. Schaumweine aus anderen Regionen Spaniens heißen im Übrigen einfach »Espumoso«. Je nach Herkunft gelten andere Bestimmungen hinsichtlich Rebsorteneinsatz, Hefelager & Co. Aufgrund dieser »Schaumwein-Identitätskrise«, die Spanien hier gerade an den Tag legt, habe ich dir der Einfachheit halber meine liebsten spanischen Bubbles aufgelistet – egal ob Cava oder nicht!

Lous
PROBIERTIPPS: Gramona, Recaredo, Izar-Leku, Raventós i Blanc, Artadi, Juvé y Camps

CHAMPAGNER

In erster Linie ist Champagner ein Schaumwein. Der feine Unterschied zu anderen Schäumern der Welt ist, dass es sich bei Champagner um eine global geschützte Ursprungsbezeichnung handelt. Nur Schaumwein, der aus der Champagne kommt, darf sich auch Champagner nennen. Doch woher kommt das edle Gesöff in sprudeliger Form eigentlich genau? Die Champagne ist ein französisches Weinanbaugebiet und liegt ca. 1,5 Fahrstunden nordöstlich von

Paris. Damit ist die Champagne nicht nur eines der nördlichsten Weinanbaugebiete Frankreichs, sondern mit ca. 35 000 Hektar Rebfläche auch eines der kleinsten. Und für alle, die sich darunter absolut nichts vorstellen können – die Champagne ist gerade einmal 8000 Hektar größer als das größte deutsche Weinanbaugebiet Rheinhessen und knapp neun Mal kleiner als das größte französische Weinanbaugebiet Languedoc (ca. 290 000 Hektar).

Das Weinanbaugebiet teilt sich grob genommen in vier Hauptanbauregionen. Jede Region ist dabei für einen ganz bestimmten Bodentyp und für eine Rebsorte bekannt. Die Montagne de Reims ist eine der bekanntesten Regionen. Hier wachsen vornehmlich Pinot Noir (ca. 40 %) und Pinot Meunier (ca. 35 %). Das Vallée de la Marne wird für Schaumweine vornehmlich aus der Rebsorte Pinot Meunier gefeiert. Die Rebsorte macht hier etwas mehr als 70 % der Gesamtrebfläche aus. Die Côte des Blancs ist – wie der Name vermuten lässt – nicht nur berühmt für Böden mit einem sehr hohen Anteil an Kalkstein, sondern auch für die weiße Rebsorte Chardonnay. Mit knapp 98 % ist sie die hier dominierende Rebsorte, deren Grundweine heiß begehrt sind. Die Côte de Bar (aka Aube) ist der südlichste Teil der Champagne und liegt ca. 100 Kilometer von Épernay entfernt. Die Region ist bekannt für die rote Rebsorte Pinot Noir. Zudem gibt es noch die Regionen Coteaux du Morin, Côte de Sézanne, Vitryat und Montgueux, die allesamt vornehmlich für Champagner aus der weißen Rebsorte Chardonnay bekannt sind und aktuell für viel Furore sorgen.

DIE BÖDEN DER CHAMPAGNE

In der Champagne gibt es sehr viele Bodentypen. Wenn man von Böden im Weinanbaugebiet der Champagne spricht, meint man aber eigentlich immer den hier vorherrschenden Bodentyp, der sich aus Kalk, Mergel und Kreide zusammensetzt. Die Rede ist von Kalkgestein. Bei Kalkgestein handelt es sich um einen Boden mit hochkapillaren Eigenschaften. Er kann das Wasser der kalten und regenreichen Monate hervorragend speichern und es in warmen, trockenen Sommermonaten an die Rebe abgeben. Der poröse Boden mit seiner großen Aufnahmefähigkeit dient der Rebe sozusagen als natürliches Wasserreservoir.

Die größten Vorkommen an Kalkböden findet man vornehmlich in den Premier-Cru- und Grand-Cru-Weinbergslagen. Weltweit gibt es nur sehr wenige Weinanbauregionen bzw. Weinanbaugebiete, die diesen speziellen Bodentyp aufweisen. Den für die Champagne so typischen Kalkboden findet man aber nicht nur in den Weinbergen, sondern auch in den tief unter der Erde liegenden Kellern vieler Champagnerproduzent:innen. Das feuchte und kühle Kalkgestein sorgt hier für optimale Lagerbedingungen.

Einige behaupten, dass Kalk eine der wenigen Bodenarten sei, die man schmecken könne. Und dass der Boden dafür verantwortlich sei, dass Champagner schmeckt, wie Champagner eben schmeckt. Andere wiederum behaupten, dass das Kleinklima und die Ausrichtung der jeweiligen Lage größere Auswirkungen auf den Geschmack hätten. Ich glaube, dass die Wahrheit irgendwo dazwischen liegt. Das, was den Wein beeinflusst und dafür sorgt, dass ein Wein oder Schaumwein schmeckt, wie er schmeckt, ist einfach das sogenannte Terroir. Es ist die Kombination aus Wetter, Boden, Rebsorte, Standort und Tradition bzw. dem Faktor Mensch.

DIE HERSTELLUNG VON CHAMPAGNER

Für die Herstellung von Champagner sind offiziell acht Rebsorten zugelassen. Wenn wir von Champagner sprechen, meinen wir aber eigentlich immer die drei folgenden: Pinot Noir (aka Spätburgunder), Pinot Meunier (aka Schwarzriesling) und Chardonnay. Darüber hinaus gibt es noch die Rebsorten Arbane, Petit Meslier, Pinot Blanc (aka Weißburgunder), Pinot Gris (aka Grauburgunder) und Voltis (PIWI), die zusammen aber nur ca. 0,3 % der Gesamtrebfläche der Champagne ausmachen.

Die Trauben für einen Champagner dürfen ausschließlich mit der Hand gelesen werden. Nach der Lese müssen sie umgehend weiterverarbeitet werden. Der Pressvorgang ist mit einer der wichtigsten und komplexesten Arbeitsschritte bei der Herstellung von Champagner. Dabei werden die Trauben als ganze Trauben inklusive der Rappen schonend und behutsam gepresst (aka Ganztraubenpressung). Das ist wichtig, da aus den roten Rebsorten wie z. B. Pinot Noir und Pinot Meunier so wenig Farbstoff wie möglich aus der Beerenschale extrahiert werden soll, um einen weißen Most bzw. Grundwein zu erhalten. Das Herzstück des Pressvorgangs ist das anschließende Trennen der Moste. Denn jeder Most hat ganz spezifische und individuelle Eigenschaften hinsichtlich der Konzentration der Inhaltsstoffe. Der Most aus dem ersten Pressvorgang gehört dabei zu den qualitativ besten.

Nach der Pressung erfolgt die Gärung. Nach weiterer Behandlung der Moste (z. B. Klärung, Schwefeln & Co.) folgt die alkoholische Gärung. Ist diese abgeschlossen, erfolgt normalerweise wie für Champagner typisch eine malolaktische Gärung (aka BSA, biologischer Säureabbau). Dabei wird die hart schmeckende Apfelsäure in die weiche Milchsäure umgewandelt. Dieser Vorgang wird mittels der sogenannten Oenococcus-oeni-Bakterien in Gang gesetzt. Das Ergebnis ist ein weiches und in der Säure gedämpftes Geschmacksbild, das im Aroma an buttrige Noten erinnert. Nach diesem Vorgang und gegebenenfalls einer weiteren Klärung des fertigen Grundweins erfolgt die Assemblage. Die Kohlensäure wird mittels der traditionellen Flaschengärung erzeugt – die zweite Gärung, aus der schlussendlich auch die Kohlensäure entsteht, muss also immer in der Flasche stattfinden. Anschließend erfolgt ein Hefelager von mindestens 15 Monaten. Ein Jahrgangschampagner allerdings muss für mindestens drei Jahre auf der Hefe lagern.

Am Ende des Herstellungsprozesses wird die Hefe aus der Flasche entfernt und die Geschmacksrichtung (z. B. brut nature, brut etc.) mittels der Versanddosage festgelegt. Danach wird die Champagnerflasche mit einem Champagnerkorken und einer Haltevorrichtung, der sogenannten Agraffe, verschlossen. Etikett drauf und voilà – fertig ist der Champagner. Ganz einfach, oder?

DIE CHAMPAGNER-CODIERUNG

Die Champagne ist historisch bedingt ein genossenschaftlich geprägtes bzw. strukturiertes Weinanbaugebiet. Das heißt, dass viele Champagnerhäuser keine oder nur sehr wenige eigene Rebflächen besitzen. Die Trauben werden von vielen kleinen, in Teilzeit arbeitenden Winzer:innen an die Champagnerhäuser und Genossenschaften geliefert. Den »Werdegang« der Trauben bzw. des Champagners kannst du der Champagner-Codierung, dem klein gedruckten Kürzel auf dem Vorder- oder Rückenetikett, entnehmen:

- NM Négociant Manipulant: Champagnerhaus, das Trauben einkauft, verarbeitet und vermarktet.
- RM Récoltant Manipulant: Erzeuger:innen bzw. Winzer:innen, die ihre eigenen Trauben verarbeiten und vermarkten (aka Winzer:innenchampagner).
- CM Coopérative de Manipulation: Klassische Genossenschaft, die die Trauben ihrer Mitglieder verarbeitet und vermarktet.
- RC Récoltant Coopérateur: Winzer:innen, die ihre eigenen Trauben zur Genossenschaft bringen und dort verarbeiten lassen, den Champagner aber selbst vermarkten.
- MA Marque d'Acheteur: Handelsmarke, die im Auftrag für Großabnehmer:innen wie z. B. einen Discounter produziert wird.

DIE CHAMPAGNER-STILE

Ein Großteil aller Champagner ist eine Assemblage (aka Verschnitt, Blend, Cuvée) aus verschiedenen Rebsorten, verschiedenen Jahrgängen und/oder Weinbergslagen. Um Verwirrungen vorzubeugen: Ein Verschnitt bzw. eine Assemblage hat absolut nichts mit »Panschen« zu tun, sondern ist die hohe Kunst der Champagnerherstellung. Ziel der Champagnerproduzent:innen ist es, einen gleichbleibenden Geschmack zu kreieren, der die Stilistik des jeweiligen Champagnerhauses repräsentiert.

Ein weiterer Grund für die Assemblage ist das vorherrschende Klima. Trotz weltweiter klimatischer Veränderungen gibt es, bedingt durch viel Regen und kalte atlantische Einflüsse, oft noch starke Jahrgangsunterschiede in der Champagne. Durch den Verschnitt von Grundweinen können diese Unterschiede besser ausbalanciert werden.

Die meisten Champagner haben keine Jahrgangsangabe auf dem Etikett. Diese sogenannten jahrgangslosen Champagner sind oft die Einstiegslevel der Champagnerproduzent:innen, müssen aber nicht qualitativ minderwertiger sein als ein Champagner aus nur einem Jahrgang (aka Jahrgangschampagner). Sie bestehen i. d. R. aus ca. 70 % Grundwein des aktuellen Jahrgangs und zu ca. 30 % aus Reserveweinen, also aus Weinen der vorhergegangenen Jahre (je schwächer der Grundwein des aktuellen Jahrgangs, desto höher ist i. d. R. auch der Anteil der Reserveweine). Bei einem Jahrgangschampagner hingegen stammen die verwendeten Weine alle aus einem Jahrgang.

GUT ZU WISSEN: Einer, zwei oder doch drei? Aus wie vielen verschiedenen Jahrgängen der Reservewein zusammengestellt wird, entscheidet jedes Champagnerhaus selbst, einzelne Produzent:innen nutzen sogar mehr als zehn verschiedene Jahrgänge! Diese werden so »gemischt«, dass der jahrgangslose Champagner am Ende möglichst immer gleich schmeckt. In der Regel erfolgt heute die Lagerung getrennt nach den einzelnen Jahrgängen. Ursprünglich jedoch wurden alle Jahrgänge gemeinsam in großen Fässern gelagert, aus denen dann einfach jeweils eine bestimmte Menge für den benötigten Reservewein entnommen wurde. Anschließend wurden die Fässer mit Wein des aktuellen Jahrgangs wieder aufgefüllt. Schlussendlich hatte man also ein Fass mit einem Querschnitt von Weinen aus x Jahren. In der Champagne nutzen heute insbesondere kleinere Produzent:innen wieder verstärkt dieses alte Verfahren, um ihrer Cuvée einen eigenständigen Charakter zu verleihen. Es wird als Réserve Perpétuelle bezeichnet und ähnelt stark dem Solera-Verfahren in der spanischen Sherryproduktion (siehe »Sherry«). Bekannte Champagner, die mittels des Réserve Perpétuelle hergestellt werden, sind z. B. Reflet d'Antan von Bérêche & Fils, Cuvée Laetitia von H. Billiot, Les von Laherte Frères, Cuvée de Réserve Grand Cru Blanc de Blanc von Pierre Péters oder Substance Grand Cru Blanc de Blanc von Jacques Selosse.

Champagner, die jahrgangslos sind, heißen »non-vintage«. Champagner, die aus Weinen eines Jahrgangs stammen, die sogenannten Jahrgangschampagner, heißen demnach »vintage«. Weitere Champagnerstile, von denen du mal was gehört haben solltest, sind:

- Blanc de Blancs: Schaumwein aus ausschließlich weißen Trauben, i. d. R. aus Chardonnay
- Blanc de Noirs: weißer Schaumwein aus blauen Trauben, z. B. Pinot Noir und/oder Pinot Meunier
- Rosé-Champagner: entsteht z. B. durch die Mischung von weißem und rotem Grundwein
- Prestige Cuvée: repräsentiert im Normalfall die beste Qualität des jeweiligen Champagnerhauses
- Single Vineyard Cuvée: Wie der Name bereits vermuten lässt, stammen die Trauben aus nur einer Weinbergslage.

GUT ZU WISSEN: Das »Mischen« von weißen und roten Grundweinen zur Herstellung eines Rosé-Champagners ist ausschließlich in der Champagne erlaubt, nirgendwo sonst in Frankreich. In diesem Fall spricht man auch von einem »Rosé Classique« oder einem »Rosé d'Assemblage«. Schätzungsweise werden so 90 % aller Rosé-Champagner hergestellt. Zwei weitere Methoden sind die Maischestandzeit (Rosé de Macération) und das Saignée-Verfahren (Rosé de Saignée). Oft werden die Herstellungsverfahren auch von Winzer:innen untereinander kombiniert.

WINZER:INNENCHAMPAGNER

Hierbei handelt es sich um Champagner von Produzent:innen, die ihr eigenes Traubenmaterial verarbeiten und den Schaumwein schlussendlich auch selber vermarkten. Erkennen kannst du sie anhand der Champagner-Codierung und dem klein gedruckten Kürzel RM (Récoltant Manipulant) auf dem Vorder- oder Rückenetikett. Der individuelle Charakter dieser Champagner hat mir bereits vor zehn

Jahren gefallen, als ich das erste Mal Eric Rodez, H. Billiot & Co. im Glas hatte, die damals noch alle unter 25 Euro kosteten. Interessiert hat das Thema in der Weinbranche zu dem Zeitpunkt allerdings nur die wenigsten. Vollkommen verständlich, denn den meisten Kund:innen ging und geht es bei Champagner primär um das, was auf dem Etikett steht. Der Inhalt ist erst einmal Nebensache. Aber auch der gleichbleibende »markentypische« Geschmack und die konstante Qualität der Big Player macht diese Champagner für Verbraucher:innen wie auch für Gastronomie und Handel verlässlich. Heute ist Winzer:innenchampagner von den Weinkarten Deutschlands – ach, was sag ich, Europas – nicht mehr wegzudenken. Die Pullen, die ich damals noch für 'n Appel und 'n Ei gekauft habe, kosten mittlerweile fast alle das Doppelte, wenn nicht das Dreifache. Und das zum größten Teil auch zu Recht. Denn bei Winzer:innenchampagner handelt es sich um ein individuelles und handwerkliches Produkt. Es macht unfassbar viel Spaß, sich durch die etlichen Stilistiken und Interpretationen der unterschiedlichen Winzer:innen durchzukosten – und ja, die Qualität ist oft schwankend. Aber das nehme ich gerne in Kauf. Bei der ganzen Euphorie heißt das aber nicht, dass alle Markenchampagner grundsätzlich scheiße schmecken – im Gegenteil. Wenn ich zu Markenchampagner greife, dann aber zu vernünftigen Produzent:innen wie z. B. Perrier-Jouët, Louis Roederer oder Gosset. Über Moët & Chandon, Pommery, Veuve Clicquot & Co. möchte ich echt nicht sprechen. Aber auch das ist nur meine persönliche Meinung. Ich stehe halt einfach auf Herkunft und

Charakter im Glas. Doch wie immer gilt: Erlaubt ist, was schmeckt. Und solltest du mal über den Teller-, ähm, Glasrand gucken wollen, dann knöpf dir gerne meine Probiertipps vor. Diese habe ich dir ausnahmsweise noch mit ein paar Schlagwörtern zur Orientierung versehen. Denn wenn man neu im »Winzer:innenchampagner-Game« ist, kann man sich schnell überfordert fühlen.

Lous

PROBIERTIPPS: Eric Rodez (Lous All-time-Favorite No. 1), Clandestin (Lous All-time-Favorite No. 2), Vouette & Sorbée (für Fortgeschrittene), Jacquesson (People Pleaser, z. B. N°739), David Léclapart (für Fortgeschrittene, Qualität mitunter stark schwankend), Christophe Mignon (People Pleaser, für Blanc-de-Noir-Liebhaber:innen), Maurice Grumier (aktuell noch Preis-Genuss-Killer, für Pinot-Meunier-Liebhaber:innen, z. B. 3 Cépages Réserve Perpétuelle Extra Brut), Diebolt-Vallois (für Blanc-de-Blanc-Liebhaber:innen, z. B. Prestige Cuvée), Frédéric Savart (für Fortgeschrittene, pure Eleganz), Marguet (für Rosé-Liebhaber:innen, die nach saftig-elegantem Trinkspaß suchen, z. B. Shaman Rosé), Ulysse Collin (unverschämt gut und teuer), Chartonge-Taillet (Lous All-time-Favorite No. 3, kraftvoll und elegant, z. B. Les Couarres), Laherte Frères (für Fortgeschrittene, einzigartiger Charakter, z. B. Les 7), H. Billiot & Fils (People Pleaser, kraftvoll und elegant, z. B. Cuvée Laetitia), Dhondt-Grellet (für Chardonnay-Liebhaber:innen), Georges Laval (für Fortgeschrittene), Jaques Selosse (für Fortgeschrittene, Champions League, z. B. Substance Grand Cru Blanc de Blancs), La Closerie (für Fortgeschrittene, für Pinot Meunier-Liebhaber:innen)

CÔTEAUX CHAMPENOIS

Über eine Sache sollten wir vielleicht auch noch sprechen: Côteaux Champenois. Damit meint man im Prinzip nichts anderes als »nicht schäumende« Weiß-, Rosé- und Rotweine aus der Champagne. In dem kleinen französischen Weinanbaugebiet wird es, wie in vielen Weinanbaugebieten der Welt auch, zunehmend wärmer. Was früher aufgrund des sehr kühlen und regenreichen Klimas und der daraus resultierenden hohen Säurewerte der Champagnergrundweine kaum trinkbar gewesen wäre, hält gerade Einzug in der ganzen Welt des Weins: Champagner ohne Kohlensäure! Wie bereits erklärt, sind in der Champagne aktuell offiziell acht Rebsorten zugelassen. Für die Produktion von Côteaux Champenois kommen die Rebsorten Pinot Noir, Pinot Meunier, Chardonnay, Pinot Blanc (aka Weißburgunder) und Pinot Gris (aka Grauburgunder) verstärkt zum Einsatz. Der Ausbau der Weine variiert je nach angestrebter Stilistik der jeweiligen Winzer:innen. Die meisten kommen reinsortig auf den Markt. Côteaux Champenois war in der Champagne schon immer allgegenwärtig, wurde aber von nur sehr wenigen Winzer:innen in kaum messbaren Mengen produziert und blieb halt einfach in der Champagne. Mit dem stillen Hype um dieses herrliche Gesöff kommen aber stetig neue Produzent:innen dazu. Dennoch, von dem wirklich guten Stoff gibt es verhältnismäßig wenig Flaschen, was sich konsequenterweise auch im Preis widerspiegelt. Mein erster Champagner ohne Bubbles war der 2017 Haut Revers du Chutat von Jacques Lassaigne aus Montgueux – bombastisch! Und genau so, wie ich es liebe:

elektrisierende Säure, salzig-kristallin und mit mächtig Druck am Gaumen.

Lous

PROBIERTIPPS: Geoffroy, Tarlant, Marguet, Ullens, Jacques Lassaigne, Stroebel

CRÉMANT

Ob von der Loire, aus Bordeaux oder Limoux, aus dem Jura, dem Elsass oder dem Burgund – alles, was prickelt und nicht aus der Champagne kommt, heißt i. d. R. Crémant. Voraussetzung, genau wie beim Champagner, ist die traditionelle Flaschengärung sowie ein Hefelager von mindestens neun Monaten. Und auch die Hektarhöchsterträge, die Lese der Trauben von Hand sowie die Ganztraubenpressung sind – exakt wie bei Champagner – gesetzlich vorgeschrieben. Die Rebsorten, die bei der Herstellung von Crémant zum Einsatz kommen, variieren von Region zu Region und reichen von Pinot Noir (aka Spätburgunder) über Chardonnay bis hin zu Chenin Blanc und Cabernet Franc. Deshalb schmeckt Crémant auch nicht überall gleich, sondern ist in Geschmack und Typizität sehr stark regional geprägt. Das, was Crémant so besonders macht, sind champagnerähnliche Qualitäten zu einem vergleichsweise erschwinglichen Preis. Der Begriff Crémant ist übrigens nicht geschützt und darf auch für flaschenvergorene Schaumweine verwendet werden, die von außerhalb Frankreichs kommen, z. B. Riesling Crémant.

Lous
PROBIERTIPPS: Domaine Reyser, Agnès Paquet, Jerôme Arnoux, Domaine Pignier

DEUTSCHER SEKT

In Deutschland in aller Munde, international mitunter belächelt. Völlige Fehleinschätzung, denn deutscher Sekt, der mittels der traditionellen Flaschengärung hergestellt wird, muss sich keineswegs vor Champagner verstecken. Die Qualitäten, die deutsche Sektmacher:innen auf die Flasche ziehen, sind nämlich so gut wie nie zuvor. Von Riesling-Sekten über Blanc de Noirs bis hin zu Blanc de Blancs und Prestige Cuvées, die Jahrzehnte auf der Hefe gelagert wurden – deutscher Sekt ist ein Garant für Qualität der Spitzenklasse und lässt keine Wünsche offen. War es früher der Riesling, der in der Produktion dominierte, sind es heute oft die gleichen Rebsorten wie in der Champagne: Spätburgunder (aka Pinot Noir), Schwarzriesling (aka Pinot Meunier) und Chardonnay.

GUT ZU WISSEN: Deutscher Sekt der mittels der traditionellen Flaschengärung produziert wird, hat nichts mit einfachem Sekt wie z.B. Rotkäppchen, Henkel & Co. zu tun, bei dem der Grundwein zumeist aus verschiedenen Ländern der EU stammt und i. d. R. mittels des Drucktankverfahrens (aka Méthode Charmat) hergestellt wird. Wenn du sichergehen möchtest, dass der Grundwein für den Sekt aus Deutschland stammt, solltest du unbedingt auf die Zusatzbezeichnung Sekt b. A. (b. A. = bestimmtes Anbaugebiet) oder Deutscher Sekt achten.

Lous

PROBIERTIPPS: Sekthaus Raumland, Griesel & Compagnie, Sekthaus BurkhardtSchür, Frank John, Sektgut Christmann & Kauffmann, Weingut Ziereisen, Weingut Eymann, Weingut Moritz Kissinger, Weingut Johannes Aufricht, Weingut Franz Keller

FRANCIACORTA

Franciacorta war nicht nur der allererste DOCG-klassifizierte Schaumwein Italiens, der ausschließlich mittels der traditionellen Flaschengärung hergestellt wurde, sondern gilt bis heute als der edelste und teuerste Schaumwein des Landes. Er stammt aus dem gleichnamigen Weinanbaugebiet in der norditalienischen Region Lombardei (Franciacorta DOCG), welches sich über eine Gesamtrebfläche von über 2800 Hektar erstreckt und direkt am malerischen Lago d'Iseo liegt. Schaut man sich die Geschichte des Franciacorta an, fällt einem schnell auf, dass es den norditalienischen Sprudler noch gar nicht so lange gibt. Franco Ziliani, ein Weinmacher aus Italien, hatte im Champagnerhaus Möet & Chandon gelernt und fing später, genauer gesagt 1961, das Schaumweinmachen im Traditionshaus Guido Berlucchi in der Franciacorta an. Die Qualitäten, die Ziliani auf die Flasche zog, und der daraus resultierende Erfolg gaben ihm recht. Viele Winzer:innen folgten dem Beispiel Zilianis und dem Hause Berlucchi. Heute machen ca. 120 Winzer:innen in der Franciacorta Schaumweine, die gerade einmal 0,5 % der weltweiten Schaumweinproduktion ausmachen. Darunter namhafte Häuser wie Ca' del Bosco, Bellavista oder Pizzini, aber auch kleinere Betriebe wie beispielsweise das biodynamisch zertifizierte Weingut 1701. In der Franciacorta wird übrigens nicht nur Schaumwein, sondern auch Stillwein produziert. Unter der Bezeichnung Curtefranca DOC (ehemals Terre di Franciacorta) findest du Weiß- und Rotweine.

Das Herstellungsverfahren für Franciacorta ist, wie gesagt, ebenfalls immer die Metodo Classico, also die traditionelle Flaschengärung. Auch das Hefelager von mindestens 18 Monaten ist bei allen Franciacorta-Typen gesetzlich vorgeschrieben. Der klassische Franciacorta besteht immer aus den drei folgenden Rebsorten: Pinot Blanc (aka Weißburgunder), Pinot Nero (aka Spätburgunder) und Chardonnay. Seit 2017 ist zudem die autochthone, also heimische Rebsorte Erbamat für die Franciacorta-Produktion zugelassen. Die weiße Rebsorte ist seit über fünfhundert Jahren in der Gegend um Brescia heimisch. Sie reift wesentlich später als die anderen Rebsorten und überzeugt durch ihre äußerst prägnante und knackige Säurestruktur sowie eine verhaltene Aromatik. Dabei dürfen maximal 10 % der Rebsorte Erbamat in einer klassischen Franciacorta-Cuvée enthalten sein. Insgesamt unterscheidet man bei der Franciacorta drei Stilrichtungen: den klassischen Franciacorta, den Franciacorta Rosé und den Franciacorta Satèn.

DER KLASSISCHE FRANCIACORTA

Für die klassische Franciacorta-Cuvée kommen i. d. R. alle drei zugelassenen Rebsorten zum Einsatz: Chardonnay, Pinot Nero (aka Spätburgunder) und maximal 50 % Pinot Blanc (aka Weißburgunder). Ein Hefelager von mindestens 18 Monaten ist Pflicht.

FRANCIACORTA ROSÉ

Ein Franciacorta Rosé muss mindestens aus 25 % der Rebsorte Pinot Nero (aka Spätburgunder) bestehen und für mindestens 24 Monate auf der Hefe gelegen haben.

FRANCIACORTA SATÈN

Satèn wird oft als das Flagship der Franciacorta-Produktion bezeichnet und steht für einen Schaumwein mit einem niedrigeren Kohlensäuredruck (unter 5 bar). Das hat zur Folge, dass das Mousseux bzw. die Perlage, also das Geblubbere dieser Schaumweine, wesentlich weicher über den Gaumen rollt. Für die Herstellung sind die Rebsorten Chardonnay sowie Pinot Bianco zulässig, in der Praxis bedient man sich allerdings fast ausschließlich der Rebsorte Chardonnay. Das Hefelager muss mindestens 24 Monate betragen, und geschmacklich gibt es den weißen Schäumer ausschließlich in der Geschmacksrichtung »brut«.

GUT ZU WISSEN: Ein Millesimato, also ein Jahrgangsschaumwein (85 % der Grundweine müssen aus einem Jahrgang stammen, Hefelager mind. 30 Monate), und ein Riserva (Hefelager mind. 60 Monate) können in allen drei Stilen produziert werden.

Franciacorta kann einem klassischen Champagner zum Verwechseln ähnlich schmecken. Je nach Rebsorteneinsatz, Dauer des Hefelagers und der angestrebten Stilistik des Hauses variiert die Aromatik eines Franciacorta von Zitronenzeste, Pfirsich und Kirsche bis hin zu Mandel und Toastbrot. Alle Franciacorta bis auf Franciacorta Satèn werden in den folgenden Geschmacksrichtungen hergestellt:

- dosaggio zero (maximal 3 g/l Restzucker)
- extra brut (maximal 6 g/l Restzucker)
- brut (maximal 12 g/l Restzucker)
- extra dry (12–17 g/l Restzucker)
- dry (17–32 g/l Restzucker)
- demi-sec (32–50 g/l Restzucker)

Lous
PROBIERTIPPS: Berlucchi, Barone Pizzini, Nicola Gatta (Lous All-Time-Favourite), Mirabella, 1701, Ca' del Bosco

PET NAT

Obwohl über Pet Nat (frz. Pétillant Naturel = natürlich perlend) bereits seit einigen Jahren gesprochen, geschrieben und geflucht wird, ist die Sprudelbombe in einigen Kreisen nach wie vor der heiße Shit auf dem deutschen – ach, was sag ich, auf dem internationalen Weinmarkt. Warum? Weil diese Art von »perlendem Wein« anders ist. Nämlich ungeschminkt. So kommt es, dass der natürliche Prickler nicht nur für einen gepflegten Rausch, sondern auch für ordentlich Furore sorgt. Aber was ist Pet Nat genau, wie schmeckt er und vor allem: Wie kommt das Perlende in die Flasche? Bei der Herstellung von Pétillant Naturel wird i.d.R. der noch gärende Most mitsamt seinen natürlichen Hefen in Sektflaschen gefüllt und mit einem Kronkorken verschlossen. Der Grundwein gärt weiter und entwickelt infolgedessen Kohlensäure. Die Kohlensäure entsteht also nicht bei der zweiten Gärung wie bei der traditionellen Flaschengärung, sondern bei der ersten Gärung. Dieses alte und sehr einfache Herstellungsverfahren für Schaumwein heißt Méthode Rurale, auch bekannt als Méthode Ancestrale, und stammt ursprünglich aus Frankreich. Bei dieser Methode erfolgt i.d.R. kein Dégorgement, und auch eine Dosage ist nicht erwünscht. Der ursprüngliche Geschmack wird demnach nicht verändert. Das Ergebnis ist eine trübe, trockene und natürlich prickelnde Brause. Keine Zusätze, keine Reinzuchthefen – alles ohne »Firlefanz«. Das ist es, was Winzer:innen und Weintrinker:innen der Hipster-Szene so faszinierend finden. Das Verfahren ist jahrhundertealt und steht für einfachen und ländlichen Schaumwein. Man geht davon aus, dass so die ersten Versuche aussahen, Schaumwein herzustellen. Erst später wurde das Prinzip der zweiten Gärung perfektioniert.

GUT ZU WISSEN: Ähnlich wie bei Naturwein, so gibt es auch bei der Herstellung von Pétillant Naturel noch keine einheitlichen gesetzlichen Grundlagen. Ob die Winzer:innen das Hefedepot entfernen, welches von vielen Weintrinker:innen als störend empfunden wird, bleibt ihnen überlassen. Pet Nat kann zudem, je nach »Blubber-Intensität«, als Perlwein (Druck max. 2,5 bar) und auch als Schaumwein (Druck > 3 bar) vermarktet werden.

Böse Zungen behaupten ja, Pet Nat schmecke wie Federweißer oder wie eine spritzige Weinschorle. Ganz unrecht haben sie damit tatsächlich nicht. Die Brause weist verhältnismäßig geringe Alkoholwerte auf, schmeckt überhaupt nicht süß, sondern im Normalfall knochentrocken und dabei herrlich erfrischend. Ganz typisch und durch die in der Flasche verbleibende Hefe verursacht, ist nicht selten der Geruch nach einer traditionellen Backstube. Kennst du diesen Duft noch? Brot, Backmalz und frisch angesetzter Sauerteig. Dazu gesellt sich je nach Rebsorte ein Frischekick aus Grapefruit und Zitronenzeste. Kurzum, so eine Pulle ist in null Komma nichts leer gesüffelt – es prickelt, macht nicht so schnell besoffen im Kopf und ist wahnsinnig belebend.

Lous

PROBIERTIPPS: Weingut Claus Preisinger, Weingut Pittnauer, Brand Bros, Fuchs & Hase, Weingut Alois Lageder, FIO, Raventós i Blanc, Von der Vogelwaide

Prosecco wiederum hat nichts mit Champagner & Co. zu tun – und das soll er auch nicht. Bei Prosecco standen schon immer das Spritzig-Fruchtige und die Leichtigkeit des Seins im Vordergrund. Dolce Vita eben, und zwar zum Süffeln. Auch wenn Prosecco von vielen belächelt wird, hat der italienische Klassiker seine Daseinsberechtigung. Man muss nur ein bisschen tiefer graben, um an den guten Stoff zu kommen. Aber von vorne:

Die Heimat des Prosecco liegt in den beiden Regionen Veneto und Friaul-Julisch Venetien und erstreckt sich über die neun Provinzen Treviso, Belluno, Vicenza, Padua, Venezia, Trieste, Gorizia, Udine und Pordenone. Das Kerngebiet und der historische Geburtsort des italienischen Schäumers liegt aber zwischen den beiden Städten Conegliano und Valdobbiadene nordwestlich von Venedig. Hier wachsen die Trauben auf atemberaubenden, zum Seufzen schönen und verdammt steilen Weinbergen. Der Prosecco aus diesem ca. 8700 Hektar umfassenden Gebiet heißt Conegliano Valdobbiadene Prosecco Superiore DOCG und bildet die Qualitätsspitze der Prosecco-Produktion.

Prosecco, der nicht aus diesem Gebiet stammt, wird unter Prosecco DOC vermarktet und kommt aus der Talebene, nicht aus dem Hügelgebiet. Die weiße Rebsorte, die hier wächst und für die Herstellung von Prosecco zum Einsatz kommt, hieß früher übrigens tatsächlich Prosecco, wurde aber 2009 in Glera umgetauft. Prosecco ist demnach keine Rebsorte, sondern ein geschütztes Ursprungsgebiet. Nur Wein, der von hier kommt, darf also Prosecco heißen.

Das, was Prosecco von z. B. Sekt, Cava oder Champagner unterscheidet, ist das Herstellungsverfahren. Die zweite Gärung findet nämlich nicht in der Flasche, sondern in einem Drucktank statt (mit Ausnahme von Prosecco »col fondo«, dies ist die ursprüngliche althergebrachte Variante des Prosecco, bei dem die Gärung nicht im Tank, sondern in der Flasche stattfindet). Das Prozedere nennt man bei uns in Deutschland Tankgärungsverfahren, in Frankreich Méthode Charmat und in Italien Metodo Martinotti. Dabei wird der trockene Grundwein mit Zucker und Hefe (aka Fülldosage) versetzt. Dadurch wird die zweite Gärung eingeleitet und es entsteht Kohlensäure. Der fertige Prosecco wird anschließend vom Hefesatz getrennt und unter Gegendruck in Flaschen gefüllt. Das Ergebnis ist ein frischer und fruchtbetonter Schaumwein (ital. Spumante), der die sortentypische Aromatik der Rebsorte Glera besonders gut zum Ausdruck bringt. Der klassische Prosecco, so wie er massenhaft in den Regalen steht, wird im Übrigen gut und gerne süffig vermarktet. Die wohl gängigste Geschmacksrichtung ist ganz klar »extra dry« mit einem Restzuckergehalt, der sich irgendwo zwischen 12 und 17 g/l Restzucker einpendelt.

Aber jetzt mal Butter bei die Fische: Was ist denn bitte der Unterschied zwischen einem Prosecco Frizzante und einem Prosecco Spumante? Anders als oft behauptet, wird auch beim Prosecco Frizzante die Kohlensäure nicht künstlich zugesetzt. Die Kohlensäure, egal ob Frizzante oder

Spumante, muss immer aus der natürlichen Gärung stammen. Die Kategorien Schaumwein mit zugesetzter Kohlensäure und Perlwein mit zugesetzter Kohlensäure sind bei der Produktion von Prosecco daher nicht zulässig. Der Druck macht den Unterschied. Ein Prosecco Spumante bringt durchschnittlich über 3,5 bar auf die Flasche. Ein Prosecco Frizzante zwischen 1 und maximal 2,5 bar. Damit fällt der Spumante unter die in Deutschland geltende Schaumweinsteuer, der Frizzante aufgrund des geringeren Druckes aber nicht. Die Schaumweinsteuer ist eine Verbrauchsteuer und beträgt aktuell 1,02 Euro pro Flasche (0,75 l). Weil der Frizzante daher nicht besteuert werden muss, kommen die meisten Proseccos demnach als Frizzante-Version und somit günstiger auf den Markt.

Unterscheiden tun sich die beiden Schäumer übrigens auch optisch. Ein Frizzante ist entweder mit einem normalen Korken, einem Kronkorken oder einem Schraubverschluss verschlossen. Ein Prosecco Spumante darf ausschließlich mit einem pilzförmigen Naturkorken verschlossen werden, der durch eine Haltevorrichtung (aka Agraffe) gesichert und mit einer Folie umkleidet wird.

GUT ZU WISSEN: Mit Prosecco »col fondo« ist traditionell hergestellter Prosecco gemeint, bei dem die zweite Gärung nicht in einem Tank, sondern wie früher in der Flasche stattfindet. Das Hefedepot wird nicht entfernt und auch eine Süßung bzw. Bestimmung des Geschmacks mittels Versanddosage findet nicht statt. Der »col fondo« wird den Prosecco-Markt mit Sicherheit nicht mehr revolutionieren, könnte ihn aber zumindest sensibilisieren. Nämlich dahin gehend, dass Prosecco im Ursprung kein Billo- und Massenprodukt war. Solltest du jemals ins Prosecco-Gebiet fahren, statte unbedingt den dort ansässigen Restaurants einen Besuch ab und probiere dich durch die Prosecco-Vielfalt kleiner Produzent:innen. Das Zeug ist auf dem deutschen Markt nämlich einfach nicht existent, eröffnet einem aber eine ganz andere Prosecco-Welt und räumt mit den hiesigen Vorurteilen ordentlich auf. Denn im Grunde genommen kann Prosecco ziemlich geil sein.

Lous

PROBIERTIPPS: Zanotto, Azienda Agricola Case Paolin, Casa Coste Piane, Casa Belfi, Bellenda

TRENTODOC

Na? Hattest du den hier auf dem Schirm? Bestimmt nicht. Trentodoc steht für Qualitätsschaumwein aus dem Trentino. Landschaftlich eingebettet in die Dolomiten, erstreckt sich die Region geografisch von Südtirol bis an die Grenzen der Lombardei und Venetiens. Die Schaumweine dieser Region werden mittels der traditionellen Flaschengärung hergestellt und müssen für mindestens 15 Monate auf der Hefe lagern, bevor sie vermarktet werden dürfen. Das Konsortium Trentodoc zählt ca. 57 Schaumwein-Produzent:innen, die auf einer Fläche von ungefähr 800 Hektar vornehmlich die Rebsorten Chardonnay, Pinot Nero (aka Spätburgunder), Pinot Meunier (aka Schwarzriesling) und

Pinot Bianco (aka Weißburgunder) für die Produktion von Schaumwein anbauen. Schaut man sich den Markt genauer an, fällt einem auf, dass die meisten Trentodocs aber vornehmlich aus den Rebsorten Chardonnay und Pinot Nero bestehen.

Lous
PROBIERTIPPS: Cantina Dorigati, Cantina Endrizzi, Revì

LOUS KLEINES SCHAUMWEIN-GLOSSAR

AGRAFFE (FRZ. MUSELET): Damit ist das Drahtkörbchen über dem Schaumweinkorken gemeint. Es dient als Haltevorrichtung und hält den Schaumweinkorken auf der Schaumweinflasche. Das Metallplättchen, das sich unter der Agraffe und direkt auf dem Korken befindet, heißt übrigens »Plaque de Muselet« oder auch »Capsule«.

ASSEMBLAGE (AKA CUVÉETIERUNG): Mit der Assemblage, Verschnitt, Blend oder auch Cuvéetierung meint man, salopp ausgedrückt, das Mischen verschiedener Grundweine aus verschiedenen Rebsorten, Weinbergslagen und/oder Jahrgängen. Was erst einmal nach willkürlichem Panschen klingt, ist in Wahrheit die hohe Kunst der Wein- bzw. Schaumweinbereitung.

AUTOLYSE (AKA HEFEAUTOLYSE): Mit Autolyse meint man die Zerstörung von Zellen durch im Organismus vorhandene Enzyme. Im Schaumweinbereich ist damit die Selbstverdauung abgestorbener Hefezellen nach der zweiten Gärung gemeint. Dieser Prozess kann mehrere Jahre dauern. Die dabei freigesetzten Aminosäuren und Mannoproteine wirken sich positiv auf das Mundgefühl der Perlage aus. Bei der Hefeautolyse entstehen zudem typische Aromen, die an Nüsse, Biskuit oder Hefezopf erinnern. Die Dauer des Lagers auf den abgestorbenen Hefezellen nennt man Hefelager. Die Dauer des Hefelagers wird übrigens auch oft auf Schaumweinetiketten angegeben.

DÉGORGIEREN (AKA DÉGORGEMENT): Mit Dégorgieren ist das Entfernen des Depots aus dem Hals der Schaumweinflasche gemeint, das sich hauptsächlich aus abgestorbenen Hefezellen zusammensetzt. Das Hefedepot kann kalt (Dégorgement à la Glace) oder warm (Dégorgement à l'Ancienne, Dégorgement à la Volée) entfernt werden. Letztere Variante wird nur noch selten für den spontanen Bedarf oder bei Kleinstproduktionen praktiziert, da sie ein hohes Maß an handwerklichem Geschick erfordert.

DEUTSCHER SEKT: Deutscher Sekt ist Sekt, bei dem die Trauben für den Grundwein aus Deutschland stammen müssen. Steht Sekt b. A. (b. A. = bestimmtes Anbaugebiet) auf dem Etikett, stammen die Trauben für den Grundwein aus einem bestimmten Weinanbaugebiet in Deutschland. Die Herkunft der Trauben bzw. des Grundweins ist in diesem Fall also noch enger gefasst. Steht nur Sekt auf dem Etikett, insbesondere bei sehr preisgünstigen Schäumern, stammt der Grundwein i. d. R. aus viel kostengünstiger produzierenden Ländern der EU wie z. B. Spanien.

GRUNDWEIN: Gute Grundweine für die Schaumweinherstellung zeichnen sich immer durch niedrige Mostgewichte und niedrige pH-Werte aus. Erwünscht sind Grundweine, die durch eine knackige Säurestruktur geprägt sind. Um diese Art des Grundweins zu erreichen, ist eine punktgenaue, eher frühe und rechtzeitige Weinlese extrem wichtig. Betriebe, die nicht nur Schaumweine, sondern auch Stillweine produzieren, sprechen bei der Lese der Trauben für den Schaumwein auch von der sogenannten Vorlese. Diese findet – aus oben beschriebenen Gründen – früher als die für normalen, also für Stillwein statt. Die Gesamtsäure (siehe »Ein Weinchen mit wenig Säure, bitte!«) liegt oft weit über 12 g/l und auch der pH-Wert nicht selten unter 3.

JAHRGANG: Der Jahrgang darf bei Crémant, Champagner & Co. nur angegeben werden, wenn das Erzeugnis zu mindestens 85 % aus Trauben gewonnen wurde, die in dem betreffenden Jahr geerntet worden sind. Davon ausgenommen ist z. B. der Grundwein, der in der Fülldosage oder der Versanddosage enthalten ist.

LIQUEUR D'EXPÉDITION (AKA VERSANDDOSAGE, DOSAGE): Beim Entfernen der Hefe aus der Flasche, also dem Dégorgieren, geht aufgrund des hohen Drucks auf der Flasche auch Flüssigkeit verloren. Um diesen Füllverlust auszugleichen, wird dem Schaumwein die sogenannte Dosage hinzugefügt. Dabei handelt es sich traditionell um ein Gemisch aus Zucker und Grundwein. Die Dosage gleicht aber nicht nur den Füllverlust aus, sondern bestimmt vor allem auch den Geschmack bzw. den Restzuckergehalt eines Schaumweins – von brut nature bis süß.

LIQUEUR DE TIRAGE (AKA FÜLLDOSAGE, TIRAGE): Der Tragelikör ist traditionell eine Mische aus Grundwein oder auch Reserveweinen, Zucker und Hefe. Er wird dem fertigen Grundwein bzw. der Cuvée hinzugefügt, um die zweite alkoholische Gärung einzuleiten. Dabei wird der Wein unter Zugabe des Tragelikörs in Schaumweinflaschen abgefüllt und mit einem Kron- oder Naturkorken verschlossen. In der Folge entsteht Kohlensäure. Nach vollständigem Gärungsende befindet sich auf der Flasche ein Druck von etwa 5–6 bar, was in etwa dem zweifachen Druck eines Autoreifens entspricht.

MÉTHODE RURALE (AKA MÉTHODE ANCESTRALE): Bei der Méthode Rurale wird der noch gärende Most mitsamt seinen natürlichen Hefen in Schaumweinflaschen gefüllt und mit einem Kronkorken verschlossen. Der Grundwein gärt weiter und entwickelt infolgedessen Kohlensäure. Die Kohlensäure entsteht also nicht – wie bei der traditionellen Flaschengärung – aus der zweiten Gärung, sondern immer aus der ersten Gärung. Dieses alte und sehr einfache Herstellungsverfahren für Schaumwein stammt ursprünglich aus Frankreich. Bei dieser Methode erfolgt traditionell kein Dégorgement, auch eine Dosage bzw. »Süßung« ist nicht erwünscht, wodurch der ursprüngliche Geschmack beibehalten wird. Das Ergebnis ist eine trübe, trockene und natürlich prickelnde Brause, die im Idealfall ohne den Zusatz von Schwefel auskommt. Schaumweine, die mittels der Méthode Rurale hergestellt werden, heißen auch Pétillant Naturel (aka Pet Nat). Bekannte Exemplare, die traditionell immer mit der Méthode Rurale hergestellt wurden, sind z. B. Clairette de Die oder Blanquette de Limoux. Die Méthode Rurale wird traditionell immer in der Flasche durchgeführt, kann aber auch für die Produktion großer Mengen durch Gärung im Drucktank erfolgen.

PERLWEIN (AKA SECCO): Perlweine werden seit Langem in nahezu jedem Weinanbaugebiet der Welt produziert. In Portugal heißen sie »Vinhos Frisantes«, in der Schweiz »Sternli-Weine«, in Kalifornien »Crackling Wines«, in Italien »Vini Frizzanti« und in Frankreich »Vins Pétillants« – um nur einige Beispiele zu nennen. Früher verstand man unter einem Perlwein einfach einen Wein, der von Natur aus mehr Kohlensäure enthielt als normaler Wein. Dieses »Verbleiben« von gärungseigener Kohlensäure lässt sich mit der Gärung bzw. dem Unterbrechen der Gärung steuern und diente primär dazu, einfache Weine wie z. B. Vinho Verde interessanter zu machen. Grundsätzlich unterscheidet sich ein Perlwein von einem Schaumwein nur durch den geringeren CO_2-Gehalt. Nach deutschem Weinrecht muss ein Perlwein mindestens 1 bar und höchstens 2,5 bar CO_2- Überdruck aufweisen. Traditioneller Perlwein wurde übrigens nahezu exakt wie Petillant Naturel, nämlich mittels der Méthode Rurale, hergestellt. Bedingt dadurch, dass viele Verbraucher:innen das Hefedepot und die mangelnde Haltbarkeit durch die Hefe aber als störend empfanden, wurde das Herstellungsverfahren im Laufe der Zeit revolutioniert und durch das Tankgärungsverfahren (aka Méthode Charmat oder Metodo Martinotti) abgelöst. Ein weiteres Verfahren zur Herstellung eines Perlweins ist das Zusetzen von Kohlensäure (aka Imprägnierverfahren). Perlweine, die mittels des Imprägnierverfahrens hergestellt werden, müssen den Zusatz »Perlwein mit zugesetzter Kohlensäure« tragen.

SCHAUMWEIN: Per Definition ist Schaumwein ein Erzeugnis, das durch erste oder zweite alkoholische Gärung von frischen Weintrauben, Traubenmost und Wein beim Öffnen des Behältnisses durch Entweichen von ausschließlich aus der Gärung stammendem Kohlendioxid gekennzeichnet ist und in geschlossenen Behältnissen bei 20 °C einen auf gelöstes Kohlendioxid zurückzuführenden Überdruck von mindestens 3 bar aufweist.

SCHAUMWEINSTEUER (AKA SEKTSTEUER): Die Schaumweinsteuer ist eine Verbrauchsteuer, die in Deutschland und Österreich erhoben wird und aktuell 1,02 Euro pro Flasche (0,75 l) beträgt. Sie wurde ursprünglich von Kaiser Wilhelm II. zur Finanzierung des Kaiser-Wilhelm-Kanals und der kaiserlichen Kriegsflotte um 1902 eingeführt. Die Schaumweinsteuer fällt für alle schäumenden Weine in Flaschen an, die mit einem Schaumweinstopfen und einer besonderen Haltevorrichtung verschlossen worden sind oder die bei +20 °C einen auf gelöstes CO_2 zurückzuführenden Überdruck von 3 bar oder mehr aufweisen. Das heißt, wird ein Perlwein mit einem Schaumweinstopfen und einer Haltevorrichtung verschlossen, fällt er ebenfalls unter die Schaumweinsteuer, obwohl er laut Gesetz nicht zur Kategorie der Schaumweine gehört.

WINZER:INNENSEKT (AKA HAUERSEKT): Die Trauben für einen Winzer:innensekt müssen von weingutseigenen Rebflächen stammen und in dem Weinanbaugebiet verarbeitet werden, in dem sie auch geerntet worden sind. Eine Weiterverarbeitung von ausschließlich Grundwein zur Herstellung eines Winzer:innensekts ist nicht erlaubt. Weiter muss die zweite Gärung in der Flasche stattfinden und das Hefelager muss mindestens neun Monate betragen.

SHERRY

Ich liebe alle meine »gespriteten Weinkinder« – dementsprechend auch Madeira und Portwein, die per Definition genau wie Sherry ebenfalls zur Familie der aufgespriteten Weine (aka Fortified Wines) gehören. Ein gutes Gläschen Tawny oder einen Madeira Sercial würde ich niemals von der Bettkante, ich meine vom Tisch, stoßen. Und dennoch ist es der Sherry, für den ich brenne. Ich liebe nicht nur das Land, aus dem dieses fantastische Stöffchen stammt, sondern auch die Menschen dort und ihren unermüdlichen Einsatz für Veränderung, den herzlichen Zusammenhalt und die Lebenslust. Und genau aus diesem Grund sprechen wir auf den nachfolgenden Seiten nicht über Madeira oder Portwein, sondern über Sherry. Ein Verständnis für diese Art von Wein zu entwickeln, ähnelt zugegebenermaßen dem Aufbau eines Ikea-Regals ohne Anleitung. Es sieht machbar aus, endet im Normalfall aber in einem Schreikrampf. Immer wenn man der Meinung ist, Sherry (endlich!) verstanden zu haben, kommt irgendeine Besonderheit oder Ausnahmeregelung wie ein fehlender Dübel um die Ecke, die das Verständnis für das zuvor Verstandene wie ein mäßig zusammengebautes Billy-Bücherregal in sich zusammenfallen lässt. Im Grunde genommen aber verhält es sich mit Sherry genauso wie mit Weinen aus Frankreich. Man muss Sherry trinken, um die Geschichte, die Herkünfte und die verschiedenen Stilistiken zu verstehen. Und ganz wichtig: ins Land fahren, die ganze Szenerie auf sich wirken lassen, mit den Menschen sprechen und auch mal gemeinsam ordentlich einen wegpicheln.

Ich bin ganz ehrlich mit dir: Am liebsten möchte ich die nachfolgenden Informationen für mich behalten. Ich trink das Zeug einfach zu gerne, als dass ich mir einen plötzlichen Hype dieser Geschosse leisten könnte. Dann aber wünsche ich mir auf der anderen Seite, dass sich mehr Menschen für Sherry begeistern. Und dass sich mehr Menschen von dem Vorurteil, dass Sherry nur zum Kochen da ist und ausnahmslos süß schmeckt, verabschieden würden. Dass das Image von Sherry durch die großartigen Qualitäten und die damit einhergehende Mundpropaganda endlich entstaubt würde. Und die Region mit ihrem einzigartigen Terroir zu dem Ruhm kommt, den sie verdient hat. Ja, um die Sexyness eines Sherrys verstehen zu wollen, muss man gegebenenfalls ein bisschen mehr Hirnschmalz investieren. Aber mein Gott, wie sich das lohnt! Nachfolgend habe ich dir zum Einstieg ein kleines Sherry-1x1 zusammengestellt, das dich erst mal mit dem wichtigsten Basicwissen versorgt:

HERKUNFT

Sherry ist ein gespriteter Wein (aka Fortified Wine), der in der andalusischen Provinz Cádiz hergestellt wird. Früher durften sich Weine nur dann Sherry nennen, wenn sie aus dem berühmt-berüchtigten Sherry-Dreieck stammten, das von den Städten Jerez de la Frontera, Sanlúcar de Barrameda und El Puerto de Santa María gebildet wurde. Im Jahr 2022 wurde das Produktionsgebiet für Sherry jedoch um die Ortschaften Chiclana de la Frontera, Chipiona, Puerto Real, Rota, Trebujena und Lebrija erweitert. Sherryähnliche Weine werden auch in anderen Weinanbaugebieten und Weinanbauländern produziert, dürfen sich aber offiziell nicht Sherry nennen, weil sie außerhalb der Produktionszone liegen. Besonders hervorzuheben ist hier das Anbaugebiet Montilla-Moriles im Landesinneren der Provinz Andalusien, das fast ausschließlich berühmt für Weine aus der Rebsorte Pedro Ximénez ist (Lous Probiertipp: Bodega Alvear). Und auch Australien hat eine verhältnismäßig lange Sherry-Tradition.

REBSORTEN UND BODEN

Für die Produktion von Sherry sind die drei Rebsorten Palomino Fino, Pedro Ximénez und Moscatel zugelassen. Für die trockenen Sherrys kommt vorzugsweise die Rebsorte Palomino Fino, für die süßen Sherrys Pedro Ximénez und Moscatel zum Einsatz. Die Rebsorten wachsen auf den für die Sherryregion so typischen »Albariza-Böden« (»weiße Erde«). Albariza-Böden sind Kreideböden, die neben Lehm, Sand und Silizium aus bis zu 40 % Kalkstein bestehen. Je höher der Lehmanteil einer Weinbergslage ist, desto breitschultriger fallen die Weine im Normalfall auch aus, da Lehm im Vergleich zu Kalkstein eine gänzlich andere Nährstoffzusammensetzung verfügt. In Andalusien sind die durch Lehm dominierten Lagen mit Moscatel und Pedro Ximénez, die durch Kalkstein dominierten Lagen mit Palomino Fino bestockt. Ähnlich wie die Böden in der Champagne besitzen auch die Albariza-Böden die Fähigkeit, das Regenwasser der Wintermonate zu speichern und in den trockenen und heißen andalusischen Sommern nach und nach an die Reben abzugeben. Landschaftlich sieht es in Andalusien, dort wo die Reben wachsen, übrigens genauso hässlich wie in der Champagne aus – die Güte der Lagen aber ist dafür einmalig.

HERSTELLUNG

Sherry ist in der Regel immer ein Verschnitt aus mehreren Jahrgängen und wird traditionell mittels des Solera-Systems hergestellt, das aus übereinanderliegenden Fassreihen besteht. Die (namensgebende) unterste Reihe wird als Solera (»am Boden liegend«), die darüberliegenden Fassreihen werden als Criaderas bezeichnet. In der obersten Fassreihe befindet sich der jüngste Wein, in der untersten der älteste. Während der Herstellung werden die jeweiligen

Weine unterschiedlicher Reife miteinander »vermischt«. Das Solera-Verfahren sichert damit nicht nur eine geschmackliche Konstante, sondern ist auch für das Überleben der Florhefe von essenzieller Bedeutung. Früher kamen für die Sherryherstellung die verschiedensten Gärbehälter, darunter auch Amphoren, zum Einsatz. Am weitesten verbreitet ist heute aber das aus amerikanischer Eiche gefertigte 520-Liter-Fass, das oft weit über hundert Jahre alt ist. Man unterscheidet zwischen dem biologischen (mit Florhefe) und dem oxidativen (ohne Florhefe) Ausbau. Beim biologischen Ausbau wird der Grundwein normalerweise auf bis zu 15 Vol.-% aufgespritet und reift dann unter einer Schicht aus natürlicher Florhefe. Die Menge an Florhefe ist dabei ausschlaggebend für den Stil und den Geschmack des Sherrys. Beim oxidativen Ausbau wird der Grundwein auf mindestens 17 Vol.-% aufgespritet. Infolgedessen stirbt die Florhefe und der Grundwein reift oxidativ, also mit Sauerstoffkontakt weiter, weil die Fässer nie spundvoll (bis zur Öffnung gefüllt) sind. Insgesamt wird zwischen fünf klassischen Sherrytypen unterschieden:

- Fino (biologischer Ausbau)
- Manzanilla (biologischer Ausbau)
- Amontillado (Hybrid aus biologischem und oxidativem Ausbau)
- Palo Cortado (Hybrid aus biologischem und oxidativem Ausbau)
- Oloroso (oxidativer Ausbau)

Dass uns ein Amontillado, Oloroso oder Palo Cortado »süßer« vorkommt als ein Fino oder Manzanilla, liegt nicht etwa am verbleibenden Restzuckergehalt, sondern an den vergleichsweise erhöhten Glycerinwerten. Glycerin entsteht während der Gärung, gehört demnach zur Gruppe der Gärungsnebenprodukte und beeinflusst unser Mundgefühl, weil Glycerin halb so süß wie Glucose schmeckt. Der Abbau von Glycerin wird unter anderem von Hefen gefördert. Da die Florschicht bei einem Amontillado, Oloroso oder Palo Cortado teilweise fehlt, kommen uns diese Stile im Vergleich auch süßer vor.

Oft wird angenommen, dass Fino und Manzanilla dasselbe seien. Ein Manzanilla aber ist eine spezielle Variante des Finos und darf nur in Sanlúcar de Barrameda hergestellt werden. Das kleine Städtchen ist umgeben vom Meer und gleicht einer Insel. Selbst in den heißen andalusischen Sommern sorgen die Winde des Atlantiks immer noch für eine angenehme Abkühlung. Steht man im Sommer in den offenen Kellergebäuden Sanlúcars, durch die der feuchte Küstenwind konstant durchweht, riecht die Luft algig und die Lippen schmecken salzig. Das ist mit ein Grund dafür, warum Manzanilla strukturierter und wesentlich salziger im Geschmack ist. Ein junger Manzanilla heißt übrigens Manzanilla-Fina, einen gereiften Manzanilla nennt man Manzanilla-Pasada.

GUT ZU WISSEN: Die Florschicht reagiert auf ein Zuviel an Alkohol, Wärme oder stark schwankende Temperaturen extrem empfindlich. Je wärmer es ist, desto dünner fällt in der Regel auch die Florschicht aus. Das erklärt, warum Sanlúcar de Barameda mit seinem im Vergleich zum heißen Landesinneren kühleren Klima eher für Sherrys bekannt ist, die unter Flor reifen.

Neben den fünf trockenen Stilen gibt es noch zwei weitere Stile. Zum einen die Gruppe der natursüßen Sherrys (aka Vinos Dulces Naturales), zu denen Moscatel und Pedro Ximénez gehören und deren Süße durch natürliche Reife – entweder durch die Ernte von vollreifen Trauben oder durch das Trocknen der Trauben in der Sonne – erreicht wird. Zum anderen die süßen Sherrys (aka Vinos de Licor), zu denen Pale Cream, Cream und Medium zählen. Hier werden trocken ausgebaute Sherrys (aka Vinos Generosos) einfach mit natursüßen Sherrys oder mit konzentriertem, süßem Most verschnitten.

DAS SOLEO-VERFAHREN

Das ursprüngliche Verfahren zur Herstellung von natürlichen Sherrys ohne Aufspritung, das in Andalusien aktuell eine kleine Renaissance erfährt, ist das Soleo-Verfahren (aka Asoleo-Verfahren). Dabei werden die Trauben je nach angestrebter Stilistik über mehrere Stunden, Tage oder Wochen in der Sonne getrocknet. Infolgedessen verdunstet das in der Beere enthaltene Wasser und die Konzentration von Zucker und Aromastoffen nimmt zu. Anschließend werden die Trauben gepresst und der Saft wird vergoren. Das

Ergebnis ist ein trockener Grundwein mit einem natürlich erhöhten Alkoholgehalt. Dieser Grundwein reift jetzt weiter – entweder mit oder ohne eine natürliche Schicht aus Florhefe. Vielen Winzer:innen der neuen Generation, die dieses Verfahren anwenden, geht es aber nicht nur um den Verzicht der Aufspritung, sondern darum, Weine zu erzeugen, die weniger durch kellertechnische Verfahren als vielmehr durch ihre Herkunft geprägt sind. Auch soll die Charakteristik des jeweiligen Jahrgangs bestmöglich zum Ausdruck gebracht werden, weshalb in vielen Fällen zusätzlich auf das Solera-System verzichtet wird. Das Ergebnis sind weniger standardisierte, dafür individuelle Jahrgangssherrys mit Herkunftscharakter.

Das Prinzip der Aufspritung wurde eigentlich erst im 19. Jahrhundert etabliert. Die Sherrys sollten damit möglichst kostengünstig und weniger arbeitsintensiv vor zu warmen Temperaturen geschützt und für die Lagerung sowie den Transport stabilisiert werden. Bis heute lebt das Sherrygebiet in vielerlei Hinsicht von der Brandyproduktion, denn der wird schließlich für die Aufspritung der Sherrys benötigt. Würden plötzlich alle Betriebe zum Soleo-Verfahren zurückkehren, würde ein ganzer Wirtschaftszweig in der ohnehin gebeutelten Provinz wegbrechen. Aktuell steht in Andalusien eine alte Generation von Winzer:innen einer neuen Generation, die die Notwendigkeit von Veränderungen erkannt hat, ängstlich gegenüber. Dabei würden gerade die Individualist:innen dem Land zu neuem Interesse und Aufschwung verhelfen. Dennoch möchte ich betonen, dass wir in jedem Weinland mit Veränderungen des Weinmarkts und der Veränderung von Stilistiken konfrontiert werden. Zu sagen, dass das eine, also das Traditionelle (in diesem Fall gespriteter Sherry), schlechter sei als das andere (nämlich ursprünglicher Sherry, der mittels natürlicher Reifung hergestellt wird), funktioniert nicht. »Guten« und »schlechten« Sherry gibt es auf beiden Seiten – egal ob gespritet oder nicht.

DER GESCHMACK

Dass Sherry ausnahmslos süß schmeckt und im besten Fall nur in der Küche beim Kochen Anwendung findet, ist absoluter Blödsinn. Primär ist dieses Vorurteil auf den geschichtlichen Background und den Export von vornehmlich süßen Sherrys nach England zurückzuführen. Trockene Sherrys wie Fino oder Manzanilla weisen geschmacklich oft verblüffende Parallelen zu feinen Côteaux Champenois oder Weißweinen aus dem französischen Weinanbaugebiet Burgund auf, aber mit einer ganz eigenen Charakteristik, nämlich die der Florhefe. Qualitativ hochwertige Finos oder Manzanillas wachsen, ähnlich wie viele Burgunder und Champagner, auf von Kreidestein dominierten Böden und sind am Gaumen salzig-kristallin mit einer sowohl prägnanten als auch erfrischenden Säurestruktur. Zitrone, Mandel und auch der Duft nach Waldboden (siehe »Geosmin«) sowie Kamille sind typische Aromen. Amontillado, Palo Cortado und Oloroso sind wesentlich intensiver und kraftvoller in Geschmack und Aromatik – sie erinnern in der Nase an Haselnüsse, Tabak und getrocknetes Steinobst. Ein Palo Cortado wiederum ordnet sich geschmacklich zwischen einem Amontillado und einem Oloroso ein.

Traditionell wird Sherry aus dem »Catavino«-Glas getrunken, einem sich nach obenhin verjüngenden, tulpenförmigen Glas. Catavino ist die spanische Bezeichnung für eine in Andalusien wachsende Tulpe, daher der Name. Ich persönlich behandle und trinke alle Sherry-Typen wie normalen Wein. Demnach verkoste ich die unterschiedlichen Qualitäten und Stile am liebsten aus einem funktionellen Universalglas. Dabei wird das Glas maximal zu einem Drittel gefüllt, damit sich die Aromen ideal entfalten können. Und ganz wichtig: Sherry, egal welcher Qualitätsstufe, wird immer kalt getrunken – am besten direkt aus dem Kühlschrank, der Rest kommt eh von alleine. Und hier für alle, die standardmäßig mit einem Thermometer unterwegs sind, die Serviertemperaturen im Detail:

- Fino: 6–8 °C
- Manzanilla: 6–8 °C
- Amontillado: 12–14 °C
- Oloroso: 12–14 °C
- Palo Cortado: 12–14 °C

Lous

PROBIERTIPPS: Bodegas Luis Pérez, Bodegas Argüeso, Bodegas Tradición, Bodegas Romate, Bodegas Poniente, Bodegas Ximénez-Spínola, Bodegas Callejuela, Equipo Navazos, Bodega Alvear, Bodegas Barbadillo, Bodegas de la Riva, Hijos de Rainera Pérez Marín (La Guita)

Bei allen Gerichten, die vor Bitterstoffen und Säure nur so strotzen und damit andere Weine in die Knie zwingen (siehe »Lebensmittel, die keinen Bock auf Wein haben«), da marschiert Sherry. Fino und Manzanilla funktionieren nicht nur hervorragend als Aperitif, sondern passen perfekt zu Fisch, Meeresfrüchten und zu allem, was die salzige Komponente eines Finos oder Manzanillas widerspiegelt. Amontillado ist der Gamechanger zu Artischocken und Spargel. Ein Oloroso und ein Palo Cortado sind nicht nur genial zu Consommés, sondern auch zu Wildgerichten, Kalbsbries, Ochsenbäckchen, Aufläufen und insbesondere auch zu tomatenbasierten Gerichten. Und die Kombination von Blauschimmelkäse oder Leberpastete mit Pedro Ximénez ist schlicht und ergreifend mindblowing. Probieren geht bekanntlich über Studieren, weshalb du von mir jetzt zwei Knallerrezepte mit Gelinggarantie und passender Sherry-Empfehlung bekommst:

LOUS KNUSPRIGES HUHN AUS DEM OFEN

Ich habe viele Freunde, die in lautes Gejubel ausbrechen, wenn ich sage: »Ich schieb uns schnell einen Gockel!«, andere behaupten, es sei das »famous chicken à la Lou«, um mir einmal selbst anerkennend auf die Schulter zu klopfen. Ja, ich weiß: Eigenlob stinkt. Außerdem gebührt das Lob in Wahrheit meinem Vater, denn der hat's mir schließlich beigebracht. Viel zu viele haben Angst, bei einem ganzen Huhn etwas falsch zu machen, arbeiten mit Fleischzartmachern, viel zu vielen Gewürzen und haste nicht gesehen – dabei ist so ein Huhn aus dem Ofen kinderleicht und bedarf wirklich keinerlei Übung. Wichtig ist einzig und allein das Huhn. Ein anständiges Huhn. Und natürlich die richtige Weinbegleitung. Einer meiner Lieblingssherrys, nämlich der Fino »La Barajuela« von Luis Pérez, passt zu meinem knusprigen Gockel wie die Faust aufs Auge.

DAS BRAUCHST DU FÜR CA. 2 PERSONEN

- 1 Huhn Label-Rouge-Qualität, ca. 1,5 kg
- 1 unbehandelte Zitrone
- Gutes Olivenöl
- 1 Zweig Thymian oder Rosmarin
- Fleur de Sel (feine Meersalzflocken, z. B. aus der Camargue)
- 1 Backblech
- 1 Bogen Backpapier

SO WIRD'S GEMACHT

Den Ofen auf 185 °C Umluft vorheizen. Das Huhn nicht waschen, sondern lediglich mit Küchenpapier trocken tupfen. Ein Backblech mit Backpapier auslegen. Die Zitrone hochkant halbieren. Das Huhn auf das Backblech legen, mit der Zitrone und dem Thymian oder Rosmarin stopfen und es danach rundherum gut mit Olivenöl massieren und anschließend je nach Geschmack mit Fleur de Sel (ca. 1 Esslöffel) rundherum einreiben. Das Huhn auf der mittleren Schiene in den Ofen schieben und für 80–90 Minuten (je nach Power des Ofens) backen. Das Huhn sollte nach Ende der Backzeit goldgelb, innen saftig und außen knusprig sein. Wenn du dir unsicher bist: Die Kerntemperatur sollte ca. 80–85 °C betragen. Fertig ist das Gerät. Dazu passen frische Pflücksalate, buntes Ofengemüse oder knusprige Pommes frites.

WARMER TOMATENSALAT

Dieser Tomatensalat mit Brot, auch als Panzanella bekannt, ist mindestens genauso beliebt wie mein Huhn aus dem Ofen. Er ist nicht nur geschmacklich eine absolute Wucht, sondern auch rucki, zucki zubereitet. Wir schieben die Tomaten zusammen mit Brot vom Vortag getrennt voneinander in den Ofen. Dabei rösten wir die Tomaten für gerade einmal 10 Minuten mit Aromen wie Thymian, Schalotten, Knoblauch, Zitronenzeste und bestem Olivenöl. Damit die ganze Nummer rund wird, motzen wir das Ganze mit cremiger Burrata und frisch gezupftem Basilikum so richtig auf. Die feine Säure der Tomaten geht mit unserem Kuhmilch-Gezupfe auf Kuschelkurs und startet direkt eine Dreiecksbeziehung mit unserem Wein der Stunde: Amontillado »NPU« von Romate. Sozusagen ein italienisch-spanisches Techtelmechtel.

DAS BRAUCHST DU FÜR CA. 2 PERSONEN

- 250 g bunte Tomaten (Kirsch- oder Traubentomaten)
- 1–2 Knoblauchzehen, geschält und angedrückt
- 1 Schalotte, geputzt und in feine Ringe geschnitten
- 1 kleines Büschel frischen Thymian
- 1 TL braunen Rohrzucker
- Gutes Olivenöl
- Feines Meersalz und frischen Pfeffer aus der Mühle

- 1 Dinkelbrötchen vom Vortag, in grobe Würfel geschnitten
- 1 Burrata
- 1 Handvoll frisches Basilikum
- Saft und Abrieb einer halben unbehandelten Zitrone

SO WIRD'S GEMACHT

Backofen auf 200 °C Umluft vorheizen. Ein Backblech mit Backpapier auslegen, die Brotwürfel darauflegen und mit etwas Meersalz und einem Schuss Olivenöl vermengen. Die Tomaten in der Mitte quer halbieren und in eine ausreichend große Auflaufform setzen. Olivenöl, Knoblauchzehen, Thymian und die Schalotte dazugeben. Mit Pfeffer aus der Mühle, feinem Meersalz, braunem Zucker, Zitronenzeste und mit dem Saft einer halben Zitrone würzen. Beides (Brot und Tomaten) getrennt voneinander 10–15 Minuten in den vorgeheizten Ofen schieben. Das Brot sollte goldgelb sein, die Tomaten sichtlich geschmort, aber nicht matschig. Die Tomaten und den ausgetretenen Saft in eine hübsche Servierschale füllen, die Burrata grob in Stücke gerupft direkt auf die heißen Tomaten geben. Mit den Brotwürfeln und reichlich Basilikum garnieren. Sofort servieren. Mein warmer Tomatensalat ist genial als kleine Vorspeise. Den Teller einfach in die Mitte des Tisches stellen, kleine Tellerchen dazu reichen, und alle nehmen und schnabulieren, wie sie mögen.

VINO DE PASTO

Vino de Pasto bedeutet im Grunde genommen nichts anderes als Tafelwein. In Andalusien, im Land des Sherrys, meint man damit normale Stillweine aus der hier vorherrschenden weißen Rebsorte Palomino Fino. Seltener sind Weine aus den sonst noch verbreiteten Rebsorten Pedro Ximénez und Moscatel oder aus roten Rebsorten wie Tintilla de Rota. Vino de Pasto gab es schon immer und in Wahrheit ist er ein alter Hut. Die Produktion nahm lediglich ab, weil der Ruhm und die Nachfrage lange dem Sherry galten. Heute aber hat Sherry aufgrund des angestaubten Images ein massives Problem. Dieser Umstand führt konsequenterweise erneut zu einer Verschiebung des Angebots. Die Weine finden langsam ihren Weg auf den internationalen Markt zurück, sorgen für Aufsehen und begeistern damit auch endlich wieder junge Menschen für diese einzigartige Region. Ob Vinos de Pasto der neue heiße Scheiß werden, weiß ich nicht. Für mich jedenfalls sind sie mit ihrer eigenständigen Aromatik und dem salzig-durstmachenden Geschmack eine Entdeckung, die mir unfassbar viel Spaß bereitet.

Lous

PROBIERTIPPS: Bodegas Luis Pérez, Bodegas Callejuela, Muchada-Léclapart, Ramiro Ibáñez (Bodega Cota 45)

LOUS KLEINES SHERRY-GLOSSAR

- **ALMACENISTA:** steht heute i. d. R. für individuell produzierte Sherrys kleiner Produzent:innen
- **BOTA:** ein für die Sherry-Region typisches 520-Liter-Fass aus amerikanischer Eiche
- **CRIANZA BIOLÓGICA:** Wein bzw. Sherry aus ökologischer Bewirtschaftung
- **FLORHEFE (AKA FLOR):** Ist ein essenzieller Bestandteil des Produktionsprozesses der Sherrytypen Fino, Manzanilla, Amontillado und Palo Cortado, aber auch für den Vin Jaune des französischen Weinanbaugebiets Jura. Nach der ersten Gärung wird der junge Wein in Fässer gefüllt und einer besonderen Belüftung ausgesetzt. Dadurch bildet sich eine dünne Schicht aus speziellen Hefestämmen, eben die sogenannte Florhefe, auf der Oberfläche des Weins. Diese Hefe ernährt sich von den vorhandenen Nährstoffen im Wein und bildet eine undurchdringliche Schicht, die den Kontakt des Weins mit Sauerstoff begrenzt. Dieser einzigartige Prozess führt zur Bildung charakteristischer Aromen und Geschmacksprofile wie Mandeln, Nüssen und einem Hauch von Salz. Die Florhefe schützt den Wein auch vor oxidativen Veränderungen und verleiht ihm seinen einzigartigen trockenen und knackigen Charakter. Das kontrollierte Wachstum der Florhefe ist entscheidend für die Qualität und den Stil des Sherrys.
- **MARCO DE JEREZ:** regionale Bezeichnung für die Region des Sherrys

- **PAGO:** Ein ganz bestimmtes Stück Land bzw. ein Bereich innerhalb einer Region, der sich aus mehreren Weinbergslagen zusammensetzt und sich durch eine einzigartige Ausrichtung, ein besonderes Mikroklima und eine spezielle Bodenzusammensetzung auszeichnet. Bekannte Pagos bzw. Bereiche in Jerez sind z. B. Macharnudo, Carrascal und Añina. In El Puerto de Santa María sind es Balbaína und Los Tercios und in Sanlúcar de Barrameda z. B. Miraflores.
- **VIÑA:** Weinbergslage, Weinberg
- **V.O.S. & V.O.R.S.:** Bei Sherrys mit dem Zusatz V.O.S. und V.O.R.S handelt es sich um Sherrys mit einem durchschnittlichen und zertifizierten Alter. Ein Sherry mit dem Zusatz V.O.S. (lat. Vinum Optimum Signatum, »bestmöglicher Wein«) stammt aus einer über 20 Jahre alten Solera. Ein Sherry mit dem Zusatz V.O.R.S. (lat. Vinum Optimum Rare Signatum, engl. Very Old Rare Sherry) wiederum stammt aus einer mindestens 30 Jahre alten Solera.

HARDWARE & HANDLING

KLEINE GLÄSERKUNDE

Egal ob du die Suchmaschine deines Vertrauens um Hilfe bittest oder im KaDeWe in der 5. Etage stehst: Regale, von oben bis unten voll mit Gläsern. Gefühlt gibt es für jeden Wein, jede Situation und jeden Lebensabschnitt das perfekte Glas. Auch Wine Geeks können ein ganz schön großes Fass aufmachen, wenn es um eins ihrer Lieblingsthemen geht: das Weinglas! Lass dich davon nicht einschüchtern.

In der Welt des Weins unterscheiden wir normalerweise zwischen den folgenden klassischen Modellen: Schaumwein-, Weißwein-, Burgunder- und Bordeauxglas. Daneben gibt es auch noch das sogenannte Universalglas. Wie der Name bereits vermuten lässt, ist es für alle Weinarten einschließlich Schaumweinen und gespriteten Weinen bestens geeignet. Zudem unterscheiden wir zwischen maschinell gefertigten und mundgeblasenen Gläsern. Maschinell gefertigte Gläser liegen oft etwas schwerer in der Hand, sind dafür aber auch wesentlich unempfindlicher gegenüber Bruch. Ein gutes maschinell gefertigtes Glas, mit dem auch ich sehr gerne arbeite, bekommst du bereits für 8 Euro. Ein mundgeblasenes Glas liegt wiederum extrem leicht in der Hand, ist sehr dünnwandig und kostet je nach Hersteller sowie Modell zwischen 30 und 50 Euro.

MACHT DAS GLAS WIRKLICH EINEN UNTERSCHIED?

Hast du dich schon einmal gefragt, warum wir Weinfreaks unsere Gläser immer vollkommen übertrieben schwenken? Durch das Schwenken des Weinglases fügen wir dem Wein Sauerstoff hinzu. Durch die Sauerstoffzufuhr schließen sich im besten Fall die Aromen auf und der Wein »öffnet« sich. Er wird ganz einfach besser zugänglich. Die Form des Weinglases macht einen Unterschied, weil sich mit ihr die Größe des Kelchs und damit die Oberflächenspannweite verändert und demnach auch die Sauerstoffzufuhr. Deshalb solltest du bei einer selbst organisierten Weinprobe auch immer sicherstellen, dass deine Freund:innen alle aus dem gleichen Weinglas verkosten. Denn je mehr unterschiedlich geformte Weingläser du während einer Verkostung verwendest, desto mehr Eindrücke entstehen auch. Wie oft habe ich mit meinen Kolleg:innen schon diskutiert, weil wir eine gänzlich unterschiedliche Auffassung von einem Wein hatten. Dass wir ihn offensichtlich aus verschiedenen Weingläsern verkostet hatten und es deshalb zu einer Verschiebung der Qualitätseinschätzung gekommen ist, haben wir erst viel später geschnallt. Mit ein Grund, warum in Fachverkostungen ausnahmslos mit einem standardisierten Glas, in der Regel mit einem funktionellen und schlichten Universalglas, verkostet wird. Bei diesen Verkostungen geht es nämlich nicht darum, welches Glas jetzt welchem Wein besser steht, sondern es geht um eine objektive Beurteilung von Weinen unter kalibrierten, also gleichbleibenden Bedingungen.

GUT ZU WISSEN: Durch Karaffieren oder durch geräuschloses Schlürfen, wie du es vielleicht schon einmal in einer Weinprobe beobachtet hast, kann man dem Wein zusätzlich Sauerstoff zuführen. Wichtig ist, dass die ganze Nummer auch wirklich geräuschlos abläuft. Lautes Schlürfen bei einer Weinverkostung ist nämlich mindestens genauso uncool wie lautes Schmatzen bei Tisch.

DAS PERFEKTE WEINGLAS

Trotz des ganzen Gläserwirrwarrs brauchst du für den Start lediglich ein einziges Weinglas – ob Universalglas oder Angeberpokal, ist dabei erst einmal völlig egal, solange es technisch perfekt ist:

KLARHEIT

Um den Wein optisch perfekt beurteilen zu können, sollte dein Weinglas kristallklar und frei von Trübungen, Färbungen, Gravuren oder sonstigen dekorativen Schliffen sein.

GLASDICKE

Egal ob maschinell gefertigt oder mundgeblasen, das Weinglas sollte so dünn und fein wie möglich sein, damit dich während Verkostungen möglichst wenig Material vom Wein trennt.

FORM

Das Glas sollte ähnlich einer Tulpe geformt sein: unten bauchig und sich nach obenhin verjüngend. Damit der Wein mit dem richtigen Maß an Sauerstoff in Kontakt kommt und sich die Aromen infolgedessen besser entfalten können, sollte die Glasöffnung standardmäßig weder zu klein noch zu groß sein.

STIEL

Das Weinglas sollte immer mit einem Stiel ausgestattet sein. Handwärme verändert die Temperatur und somit den Gesamteindruck eines Weins. Der Stiel sollte nicht zu kurz sein, damit auch große Hände mit dem Glas arbeiten können. Bedenke, dass er auch nicht zu lang sein darf, damit das Glas auch noch in deine Geschirrspülmaschine passt. Apropos Geschirrspülmaschine – beim Kauf deiner Weingläser solltest du unbedingt auf den Zusatz »spülmaschinenfest« oder »frei von Bleioxid« achten. Ansonsten sind deine Gläser nach dem ersten Spülgang blind (aka milchig).

Lous

TIPP: Ich empfehle dir, mit einem funktionellen Universalglas für alle Weinarten zu starten – von welchem Hersteller, das entscheidest ganz alleine du. Bei Weingläsern gibt es sowieso kein Richtig und kein Falsch. Für den einen funktioniert nur Zalto, andere wiederum schwören auf Riedel. Davon solltest du dich nie beirren lassen. Du musst das Weinglas wählen, mit dem du dich wohlfühlst. Wenn du mit dem von dir ausgesuchten Weinglas gerne verkostest, dann weißt du, dass es auch das richtige für dich ist. Und ganz wichtig: Du bist nicht weniger Profi, weil du dich zu Beginn für ein maschinell gefertigtes oder für nur ein einziges Glasmodell entscheidest. Alles richtig gemacht, dann bleiben auch mehr Flocken für vernünftigen Wein übrig. Denn entscheidend ist schließlich immer noch, womit du dein Glas füllst.

REINIGUNG & LAGERUNG

Hast du dich für einen Satz Gläser für den Start entschieden, ist es sinnvoll, diese geschützt vor Fremdgerüchen und Fett zu lagern. Lässt sich der fabelhafte Geruch der Spanplatten deines IKEA-Schranks nicht vermeiden, solltest du dein Glas vor jedem Gebrauch mit einer kleinen Menge Wein ausspülen – im Fachjargon sagen wir dazu auch »avinieren«. Dieses Avinieren der Weingläser entfernt nicht nur Fremdgerüche, sondern beispielsweise auch Reinigungsmittelrückstände wie Spülmittel. Stichwort Reinigen: Wenn möglich, solltest du deine Gläser immer durch die Spülmaschine (Gläserprogramm) jagen. Der meiste Glasbruch entsteht nämlich während der Handwäsche im Spülbecken. Und das wäre bei einem mundgeblasenen Glas für lässige 40 Euro dezent ärgerlich. Wenn du die Gläser im Anschluss noch trocknen musst, ist es ratsam, den Kelch und die Bodenplatte mit dem Stiel immer getrennt voneinander zu polieren. Denn wenn du den Kelch in die eine und die Bodenplatte in die andere Hand nimmst und dann wild anfängst, in entgegengesetzte Richtungen zu polieren, drehst du den Stiel womöglich ab und es kommt ebenfalls zu Bruch.

MEINE WEINGLÄSER

Was Weingläser angeht, bin ich zugegebenermaßen sehr pragmatisch unterwegs. Ich brauch ein Weinglas, das funktioniert und sich für mich gut anfühlt. Der Rest ist mir herzlich egal. Ich habe immer mal wieder andere Gläser ausprobiert, bin aber irgendwie bei den nachfolgenden hängen geblieben. Und nein, du wirst in meinem Schrank bis auf die alten Champagnerschalen meiner Oma keine Sektflöten finden – die sind einfach das Schlimmste! Schaumwein kann eine sensationelle Sache sein und hat es einfach verdient, genauso behandelt zu werden wie ein guter Wein. Probiere es zu Hause einfach selber aus: Schnapp dir eine gute Flasche Schaumwein, ein Weißwein- oder Universalglas und eine Sektflöte – in welchem entwickelt sich der Schaumwein besser? Einige argumentieren immer wieder mit der Perlage und dass diese ja viel schöner im Sektglas als im Universalglas zur Geltung käme. Aber geht es bei der Perlage nicht viel mehr um den haptischen als um den optischen Eindruck? Und noch etwas: Das Weinglas wird immer am Stiel angefasst, nicht am Kelch. Das hat weniger mit der Etikette, dafür umso mehr mit dem sich verändernden Gesamteindruck des Weins aufgrund der Handwärme und der daraus resultierenden Temperaturveränderung zu tun.

STÖLZLE »EXPERIENCE«

Wenn es etwas wilder zugeht (Gartenparty & Co.), verwende ich immer den Rotweinkelch (450 ml) von Stölzle Lausitz aus der Experience-Serie, den ich seit Jahren als Universalglas nutze. Ich gehöre nämlich zur Gattung Trampeltier. Zaltos oder Gabriels zu schrotten, tut weh und schmerzt im Portemonnaie. Die Stölzle-Gläser überzeugen mich immer wieder auf ganzer Linie: einwandfreies Glas, super im Handling, spülmaschinenfest, stoßfest, elegant und absolut spitze, was das Preis-Leistungs-Verhältnis betrifft. Unabhängig davon ist es für mich eins der besten Gläser für den Einstieg – sozusagen der Rundum-sorglos-Sieger.

ZALTO

Zudem besitze ich noch einen Satz mundgeblasener Universal- und Bordeauxgläser von Zalto. Die Universalgläser verwende ich täglich, und sie kommen, genau wie die Stölzle, für jede Weinart zum Einsatz. Merke ich während einer Verkostung, dass sich die Aromen des Weins nicht öffnen oder der Wein sich irgendwie maskiert präsentiert, steige ich für gewöhnlich auf das bauchigere Bordeauxglas um. Verliert sich der Wein doch im großen Glas, wechsle ich wieder zu dem schmaleren Universalglas und gebe dem Wein ganz einfach ein bisschen mehr Zeit, sich zu entwickeln.

Wenn du dir zu Hause unsicher sein solltest, welches Weinglas das richtige ist, verkoste den Wein einfach direkt nebeneinander aus zwei unterschiedlichen Gläsern. Aus welchem Glas gefällt dir der Wein besser? Das, was dir gefällt, das wird auch gemacht. Fertig!

GUT ZU WISSEN: Die Weinglasserie »Definition« von Spiegelau ist in der Gastronomie aktuell der letzte Schrei. Die Gläser sind nämlich ähnlich filigran wie die von Zalto gearbeitet. Der Unterschied: Sie sind nicht mundgeblasen, sondern maschinell gefertigt und kosten nur die Hälfte! Es ist die nahezu perfekte Zalto-Kopie! Ich habe meinem Bruder erst neulich einen Satz aus der Definition-Serie geschenkt, weil er ähnlich talentiert ist wie ich – von wegen Grobmotoriker und so –, und er liebt sie!

KELLNERMESSER, KARAFFEN & CO.

Anders als oft behauptet, musst du für den Weineinstieg kein Vermögen hinblättern. Ein bisschen Fachliteratur, ein paar Flaschen guter Wein, ein vernünftiges Weinglas, ein Kellnermesser und ja, vielleicht auch eine Karaffe – fertig ist der Lack! Nein, ganz im Ernst. Du kannst natürlich Unmengen an Geld in irgendwelche Gadgets stecken. Persönlich würde ich aber empfehlen, dass du dich zu Beginn auf das Wesentliche konzentrierst und das Geld lieber in vernünftigen Wein investierst. Darf ich vorstellen? Mein Weinzubehör:

WEINGLÄSER

Ein vernünftiges Weinglas ist das A und O, schließlich ist es mein Werkzeug. Ich besitze hauptsächlich einige Universalgläser und Bordeauxgläser. Worauf es hierbei ankommt, kannst du im vorherigen Kapitel unter »Das perfekte Weinglas« nachlesen.

KELLNERMESSER

Für gewöhnlich arbeite ich ausschließlich mit einem klassischen Kellnermesser, von denen ich zugegebenermaßen an die 60 Stück besitze – auch so eine Krankheit in der Gastronomie. Ein funktionelles und gutes Kellnermesser sollte nicht mehr als 10 Euro kosten. Beim Kauf würde ich darauf achten, dass es gut in der Hand liegt. Außerdem gibt es welche mit gezackter oder glatter Klinge, für welches du dich entscheidest, ist erst einmal völlig wumpe. Persönlich mag ich es gerne gezackt. Ich bilde mir ein, dass ich damit nicht so leicht von der Kapsel abrutsche und sie sich dadurch sauberer einschneiden lässt. Wenn du zu den Leuten gehörst, die am laufenden Band gereifte Weine trinken, kann sich auch die Anschaffung eines Spangenkorkenziehers (aka Weinhebamme) für um die 20 Euro lohnen. Damit lassen sich brüchige und durchnässte Korken, aber auch Korkenreste mit ein bisschen Feingefühl mühelos entfernen. Ist dir das nicht schick genug, dann kannst du auch in einen »Durand« investieren, bei dem es sich mehr oder weniger um einen Spangenkorkenzieher mit integrierter Spindel handelt.

KARAFFEN & DEKANTER

Zum Karaffieren und Dekantieren nehme ich ganz einfach Wasserkaraffen von IKEA, alte Milchglasflaschen aus Weißglas, Kolben aus dem Chemieunterricht oder wunderhübsche Vintage-Karaffen, die ich alle auf dem Flohmarkt gefunden habe. Wenn's hart auf hart kommt, habe ich Wein aber auch schon in Teekannen aus Jenaer Glas karaffiert.

Alternativ kannst du dir selbstverständlich auch die Dekanter und Karaffen von Zalto oder Riedel gönnen.

VERSCHLÜSSE & KÜHLMANSCHETTEN

Damit meine Schaumweine nach dem Anbruch möglichst lange frisch bleiben, besitze ich einige Bügelverschlüsse, die du gleichermaßen auch für normalen Wein verwenden kannst. Im Normalfall kosten die Dinger nicht mehr als 5 Euro. Um Weine oder Schaumweine schnell auf Temperatur zu bekommen oder um sie auf Temperatur zu halten, verwende ich immer die Kühlmanschetten von Le Creuset. Es sind meiner Meinung nach einfach die besten.

ANGEBROCHENE FLASCHEN

Wie lange sich ein Wein nach dem Öffnen hält, kommt immer auf den Wein an. Es gibt Weine, die kippen nach drei oder vier Tagen. Es gibt aber auch Weine, die sich zum Positiven entwickeln. Faustregel: Nach dem Öffnen sollte die Flasche luftdicht verschlossen und an einem kühlen Ort gelagert werden. Dann sollte sich jeder Wein mindestens drei Tage halten. Ist der Wein vorher »um« (siehe »Die 8 häufigsten Weinfehler«) Weinauswahl überdenken oder schneller trinken. Wenn du gerade in der Weinausbildung bist, beruflich viele Weine verkosten musst oder dich der Inhalt einer Flasche Wein grundsätzlich überfordert, dann könnte sich das Coravin-System für dich lohen. Coravin ist ein Gerät zur Konservierung von Wein. Dabei stichst du mit einer Art Mini-Kanüle durch den Korken und zapfst dir eine beliebige Menge ab. Zeitgleich wird Argongas – ein geruchs-

und geschmacksneutrales Gas – in die Flasche abgegeben, das den Wein über mehrere Monate und sogar Jahre konservieren soll. Ob sich die Anschaffung für dich lohnt, musst du selbst entscheiden. Ich arbeite bereits sehr lange mit dem »Timeless Three+« und bin damit sehr glücklich. Für angebrochene Flaschen gibt es außerdem noch Vakuumpumpen, mit denen ich aber keine nennenswerten Erfahrungen gemacht habe.

DIE RICHTIGE TEMPERATUR

Die Serviertemperatur ist maßgeblich für den Geruch und Geschmack eines Weins verantwortlich. Wird ein Wein zu kalt serviert, treten das Aroma und auch die Struktur komplett in den Hintergrund. Der Wein wirkt wie unsichtbar, fast wie in ein Korsett gezwungen. Wird er hingegen zu warm, lässt er sich regelrecht gehen – vergleichbar mit Menschen, die 24/7 in Jogginghose durchs Leben rennen. Der Wein wirkt nicht definiert, fällt irgendwie in sich zusammen, Alkohol und Süße treten unangenehm in den Vordergrund. Da ich nicht standardmäßig mit einem Thermometer durch die Gegend renne, verlasse ich mich ganz einfach auf mein Gefühl. Irgendwann hat man den Dreh raus und weiß genau, ob dem Wein ein paar Grad mehr oder weniger besser stehen würden. Einfache Schaum- und Weißweine trinke ich direkt aus dem Kühlschrank. Getreu dem Motto: Warm wird er von alleine! Handelt es sich um forderndere und kraftvollere Schaum- oder Weißweine, kommen sie ca. 15 bis 20 Minuten vorher aus dem Kühlschrank. Mit Rotweinen verfahre ich ähnlich. Leichte und fruchtbetonte Rotweine aus dem Einstiegsbereich hole ich ca. 30 Minuten und die richtigen Geschosse fast 60 Minuten vorher aus dem Kühlschrank. Bei diesen Temperaturen fühlen sich die jeweiligen Vinos wohl:

- Schaumweine und leichte Weiß- und Roséweine: ca. 5–10 °C
- kräftige Weißweine: ca. 10–15 °C
- leichte Rotweine: ca. 10–15 °C
- kräftige Rotweine: ca. 15–20 °C

GUT ZU WISSEN: Wenn es mal ganz schnell gehen muss, kannst du den Wein oder Schaumwein für ca. 15–20 Minuten in das Gefrierfach legen. Achtung: Wecker stellen! Alternativ kannst du die Flasche auch fix frappieren (alter Gastroschmäh): Eimer oder Eiskübel bis zur Hälfte mit Eiswürfeln füllen, eine Handvoll stinknormales Speisesalz über das Eis streuen, Flasche reinstellen und mit Wasser auffüllen, bis nichts mehr geht. Flasche für ca. 10 Minuten im Eimer stehen lassen, ab und zu drehen – fertig!

VOM ÖFFNEN UND EINSCHENKEN

Fangen wir mit Wein an. Wenn es sich um eine Flasche mit einem Schraubverschluss handelt, drehst du das Gerät ganz einfach auf – easy. Handelt es sich um eine Flasche mit einem Korkverschluss, dann gehst du folgendermaßen vor:

1. KAPSEL ENTFERNEN

Traditionell wird die Kapsel mit dem integrierten Messer des Kellnermessers an der unteren Lippe des Flaschenrands rundherum eingeschnitten und mit einem vertikalen Schnitt nach oben entfernt. Einige streiten sich darüber, ob man die Kapsel an der unteren oder an der oberen Lippe entfernen sollte. Das kannst du grundsätzlich machen, wie du willst. Persönlich mag ich es nicht besonders, wenn mein Wein beim Einschenken über eine Kapsel aus Zinn, Aluminium oder Plastik läuft. Zudem wird in allen klassischen Ausbildungsberufen gelehrt, die Kapsel unten einzuschneiden, weshalb du in der praktischen Prüfung auch darauf achten solltest, sie an der unteren Lippe zu entfernen.

2. KORKEN ENTFERNEN

Im zweiten Schritt setzt du die Spitze der integrierten Spindel des Kellnermessers mittig auf dem Korken an und drehst sie mit leichtem Druck in etwa zu drei Vierteln ein. Nachfolgend setzt du die erste Stufe des Hebels des Kellnermessers auf dem Flaschenrand auf und ziehst den Korken behutsam heraus, bis die Hebelwirkung nachlässt. Dann wird die zweite Stufe des Hebels erneut auf den Rand der Flaschenöffnung gesetzt und der Korken vollständig entfernt. Handelt es sich um durchnässte und brüchige Korken, musst du umso gefühlvoller sein. In diesem Fall kann auch der zusätzliche Gebrauch einer Weinhebamme oder eines Durands sinnvoll sein. Danach kannst du die Flaschenöffnung optional mit einem Baumwolltuch reinigen. Das ist normalerweise aber nur vonnöten, wenn der Korken Rückstände hinterlässt oder es sich um eine sehr alte Flasche handelt.

3. EINSCHENKEN

Bevor du all deinen Gästen großzügig Wein einschenkst, solltest du zuerst einen kleinen Schluck kosten. Was erst einmal unhöflich klingt, ist wichtig, damit du sicherstellen kannst, dass der Wein fehlerfrei ist. Es wäre ziemlich beschissen, wenn der Wein korkt, du aber bereits allen die Gläser vollgemacht hast. Außerdem kannst du mit deinem Probierschluck auch prüfen, ob der Wein gegebenenfalls noch etwas Luft benötigt. Apropos vollmachen: Egal welche Weinart – das Glas wird niemals randvoll eingegossen! Zwei Fingerbreit bzw. ein Drittel ist optimal. Erstens kommt der Wein dadurch wesentlich besser zur Geltung, weil sich die Aromen anständig entwickeln können. Zweitens bleibt der Wein sowohl in der Flasche als auch im Glas auf der richtigen Temperatur. Also, lieber aufmerksam sein und nachschenken. Beim Einschenken solltest du zudem darauf achten, dass du den Flaschenhals nicht auf den Glasrand setzt.

… UND WAS IST MIT SCHAUMWEIN?

Wenn du einen Schaumwein öffnen möchtest, solltest du zu Beginn sicherstellen, dass dieser auch gut gekühlt ist. Zuerst musst du die Folie entfernen. Umschließe mit einer Hand den Korken und das Drahtkörbchen und lege den Daumen oben fest auf. Die Hand verbleibt dort bis zum Schluss! Mit der anderen Hand drehst du behutsam das Drahtkörbchen auf. Das Drahtkörbchen wird dabei aber nicht entfernt, sondern verbleibt auf dem Schaumweinkorken. Halte die Flasche leicht schräg und drehe nicht am Korken, sondern umfasse den Flaschenboden mit der Hand und dreh die Flasche. Dabei bitte nicht auf dich oder andere Personen zielen. Wenn sich der Korken löst, bleibt es dir überlassen, ob du es knallen lässt oder das Ganze lautlos über die Bühne bringst. Wobei mein Ex-Chef ja immer gesagt hat: »Die Profis lassen es zischen, nicht knallen!«

Genau wie beim Wein prüfst du dann erst mal, ob der Schaumwein frei von Fehlern ist. Wenn es sich um sehr komplexe, frisch dégorgierte oder um Schaumweine mit einer sehr aufdringlichen Perlage handelt, kann es ebenfalls von Vorteil sein, sie schonend zu karaffieren oder mit kreisenden Bewegungen sanft im Glas zu schwenken. Als Glas eignet sich am besten ein Weißwein- oder Universalglas, das zur positiven Entwicklung der Aromen des Schaumweins beiträgt. Unten mit dezentem Bauch und sich nach oben hin verjüngend. Anders als Wein solltest du Schaumwein immer leicht schräg einschenken, sonst schäumt's schnell über. Dafür nimmst du das Glas in die Hand, winkelst es leicht an und schenkst den Schaumwein langsam ein. Mit der Menge verhält es sich wie bei Wein: maximal zwei Finger breit bzw. zu einem Drittel.

GUT ZU WISSEN: Um störende Fremdgerüche, Staubpartikel oder Spülmittelreste aus Gläsern oder auch Karaffen zu beseitigen, kann es bei Wein, aber insbesondere auch bei Schaumwein sinnvoll sein, diese vorab mit einer kleinen Menge Wein bzw. Schaumwein auszuspülen (aka avinieren). An langen

Abenden oder während Weinproben verwenden wir im Übrigen fast immer dasselbe Glas. Folgt Weißwein auf Rotwein, wird einfach erneut mit einer kleinen Menge Weißwein ausgespült.

KARAFFIEREN VS. DEKANTIEREN

KARAFFIEREN

Mit Karaffieren meint man im Prinzip nichts anderes, als einen Wein zu belüften. Dabei wird der Wein einem natürlichen Alterungsprozess unterzogen, indem er in eine ausreichend große Karaffe umgefüllt wird. Die Sauerstoffzufuhr sorgt im besten Fall dafür, dass sich die Aromen schneller öffnen und der Wein zugänglicher wird. Nicht jeder Wein aber muss karaffiert werden. Inflationäres Karaffieren, wie es in manchen Weinbars und Restaurants betrieben wird, ohne dass ich den Wein vorher kosten durfte, finde ich unglaublich nervig. Erstens, weil ich nicht gefragt werde und demnach nichts von der Entwicklung des Weins mitbekomme (nicht karaffiert vs. karaffiert). Und zweitens, weil man Weine durch eine übermäßige Sauerstoffzufuhr auch in null Komma nichts zerstören kann. Wenn du Wein karaffierst, sollte dir bewusst sein, dass du die Luft, die du dem Wein hinzufügst, nicht mehr zurücknehmen kannst. Solltest du dir unsicher sein, ob der Wein karaffiert werden sollte oder nicht, würde ich zu Beginn immer nur einen kleinen Teil des Weins karaffieren. Den karaffierten Teil kannst du dann mit einem unkaraffierten Schluck Wein aus der Flasche direkt nebeneinander, am besten aus zwei identischen Gläsern, vergleichen. Das, was dir besser gefällt, solltest du dann auch machen.

DEKANTIEREN

Wir dekantieren einen Wein, um ihn von einem entstandenen Bodensatz (aka Depot) zu trennen. Ein Bodensatz kann zum Beispiel bei einer längeren Lagerung des Weins in der Flasche durch die Ausfällung von bestimmten Weininhaltsstoffen wie Gerbstoffen, Farbstoffen oder abgestorbenen Hefezellen verursacht werden. Ein Bodensatz ist überhaupt nichts Schlimmes. Landet er beim Ausschenken des Weins mit im Glas, wird er von einigen Weintrinker:innen aber als störend empfunden. Um einen Wein zu dekantieren, füllst du den Wein mithilfe einer Lichtquelle vorsichtig in eine ausreichend große Karaffe um. Dabei wird die Lichtquelle – früher war es eine Kerze, heute nehmen wir dafür einfach unsere Smartphonetaschenlampe – unter den Flaschenhals gelegt. Sobald das Depot im oberen Drittel der Flasche, also im Flaschenhals, zu erkennen ist, wird der Umfüllvorgang gestoppt. Logischerweise wird der Wein beim Dekantieren ebenfalls mit einer großen Menge Sauerstoff in Kontakt gebracht. Da es sich bei Weinen mit viel Bodensatz normalerweise um bereits gereifte Weine handelt, muss das nicht immer von Vorteil sein. Dementsprechend solltest du den Wein vor dem Dekantieren immer verkosten. Wenn du der Meinung bist, dass der Wein auch ohne eine extra Portion Sauerstoff abliefert, dann würde ich das Depot in Kauf nehmen und beim Ausschenken einfach darauf achten, dass so wenig wie möglich davon mitrutscht. Stellst du beim Trinken fest, dass der Wein im Glas immer besser wird, kann das ein Indiz dafür sein, dass sich der Wein im Dekanter sehr gut entwickelt hätte. Merkste selber, oder? Es gibt kein Patentrezept. Wie immer gilt: Probieren geht über Studieren. Irgendwann hast du den Dreh raus.

WEINLAGERUNG

Die Aussage: »Alle Weine werden mit dem Alter besser« trifft nicht zu. Tatsächlich ist es so, dass der Großteil aller Weine, die es auf dem Markt gibt, nicht für die Lagerung, sondern für den baldigen Konsum konzipiert ist. Und soll ich dir noch etwas verraten? Die Weine, die für die Lagerung gemacht sind und erfolgreich eingelagert wurden, gammeln für gewöhnlich bis zur Unendlichkeit in irgendwelchen Privathaushalten vor sich hin, bis sie nicht mehr genießbar sind. Der Grund? Alle Welt wartet auf diesen einen perfekten Moment, um diese eine besondere Flasche Wein aufzuziehen! Ist in Wahrheit aber nicht jeder Tag ein besonderer Tag? Was ich damit eigentlich sagen will: Die meisten Weine werden zu spät, die wenigsten aber zu früh getrunken. Einfach mal machen! Zieh die Dinger auf und trommle deine Freund:innen zusammen. Spontane Qualitätskontrollen in geselliger Runde sind ohnehin das Beste. Deshalb mein Pro-Tipp: Immer mehr als eine Flasche von dem Wein kaufen, den du einlagern möchtest.

LAGERFÄHIGE WEINE

Es ist schwierig, eine allgemeingültige Aussage darüber zu treffen, welche Weine sich für die Lagerung eignen und welche nicht. Normalerweise zeichnen sich lagerfähige Weine durch eine sehr prägnante sowie langlebige Säure- und Tanninstruktur aus. Wichtig sind auch die Rebsorte, die Herkunft, das handwerkliche Geschick der Winzer:innen, die Qualitätsstufe und im Besonderen der Jahrgang. Wenn das Jahr bescheiden war, dann wird's schwierig, Großes daraus zu machen. Es sind halt immer noch Trauben, von wegen Natur und so. Weine, die für ein gutes Lagerpotenzial bekannt sind, sind unter anderem:

- Chardonnay und Pinot Noir aus dem Burgund
- Syrah von der nördlichen Rhône
- Edelsüße Weine z. B. aus Sauternes, aus Barsac, von der Mosel oder vom Neusiedlersee
- Rieslinge aus z. B. Deutschland oder Österreich
- Grüner Veltliner aus Österreich
- Blaufränkisch aus Österreich
- Bordeaux
- Nebbiolo, z. B. Barolo und Barbaresco
- Sangiovese, z. B. Brunello di Montalcino
- Tempranillo, z. B. Rioja oder Ribera del Duero

5 TIPPS FÜR DIE LAGERUNG VON WEIN

LAGERORT

Der Ort für die Weinlagerung sollte dunkel und vor UV-Strahlung geschützt sein. Wählst du einen Ort, an dem kontinuierlich die Sonne reinballert, kann es durch die Hitze und den übermäßigen Lichteinfall zu einer negativen Veränderung der Aromen und des Geschmacks kommen.

TEMPERATUR

Minimale Temperaturschwankungen über einen längeren Zeitraum, wie sie zum Beispiel oft beim Jahreszeitenwechsel, also zum Beispiel beim Übergang von Sommer zu Winter, vorkommen, sind für den Wein nicht schlimm. Dramatisch wird es, wenn es sich um abrupte und starke Temperaturschwankungen handelt. Die bekommen dem Wein überhaupt nicht gut. Deshalb solltest du bei der Lagerung auf eine möglichst konstante Temperatur von 10–12 °C achten. Je höher die Temperatur ist, desto eher wird der Wein einem unerwünschten Alterungsprozess unterzogen.

FREMDGERÜCHE & ERSCHÜTTERUNGEN

Dass der Kühlschrank kein geeigneter Ort für die Lagerung von Wein ist, liegt zum einen an den Fremdgerüchen, die auf den Wein übergehen können, zum anderen an der Vibration. Ganz ehrlich? Ich würde mich zwischen Knoblauch, Brokkoli und Parmesanresten auch nicht sonderlich wohlfühlen. Dein Lagerort sollte demnach so geruchsneutral und ruhig wie nur irgend möglich sein.

LIEGEND VS. STEHEND

Weinflaschen mit einem Korken solltest du möglichst liegend lagern, Schaumweine hingegen am besten stehend. Aufgrund des Überdrucks in der Schaumweinflasche bleibt der Korken automatisch feucht. Durch die stehende Lagerung bleibt er aber auch besser erhalten. In einigen Langzeitversuchen in der Champagne hat man zudem festgestellt, dass stehend gelagerte Schaumweine seltener von einem Korkschmecker betroffen waren als liegend gelagerte Schaumweine. Viel wichtiger aber, egal ob Schrauber, Kork oder Glas: Der Verschluss sollte auf keinen Fall beschädigt sein.

LUFTFEUCHTIGKEIT

Die Luftfeuchtigkeit sollte optimalerweise bei ca. 70 % liegen – je feuchter, desto besser! Damit die Etiketten gut erhalten bleiben, solltest du sie zum Schutz unbedingt eng mit Frischhaltefolie umwickeln. Insbesondere dann, wenn es sich bei den Weinen um Sammlerstücke handelt.

Da die wenigsten Häuser, geschweige denn Wohnungen, mit einem angeschlossenen Weinkeller daherkommen, kann sich ein nicht beheizter Raum wie z. B. ein leer stehendes Gästezimmer für die temporäre Lagerung von Wein eignen. Auch der Bettkasten im Schlafzimmer ist normalerweise geruchsneutral und mit einer der kühlsten Orte in der Wohnung – vorausgesetzt, du drehst die Fußbodenheizung nicht auf volle Pulle! Und wo wir gerade beim Thema sind: Übermäßige Wärme und Hitze enden für einen Wein immer tödlich. Deshalb solltest du deine Weine nach dem Einkauf niemals auf der Fußbodenheizung oder vor einem Heizkörper stehen lassen. Und auch dein Kofferraum ist bei 36 °C Außentemperatur auf deinem Roadtrip durch die Toskana kein geeigneter Ort für Wein. Wenn du Pech hast, schieben sich die Korken aus der Flasche raus, und die Party beginnt ohne dich. An dieser Stelle auch der dringende Appell an dich, dass du bitte die Finger von Weinen lässt, die bei irgendeinem Weinfachhandel in der Fensterauslage liegen.

Handelt es sich um mehr als dreißig Flaschen Wein, die du vernünftig unterbringen musst, dann kann sich die Investition in einen Weinklimaschrank lohnen. Wichtig auch hier: Der Weinklimaschrank sollte die Temperatur möglichst konstant und ohne abrupte Schwankungen halten. Ob du dir einen 2-Zonen- oder 3-Zonen-Klimaschrank kaufst, das bleibt dir überlassen. Meiner hat zwei Klimazonen, allerdings läuft er komplett auf 12 °C, da ich ihn für die Lagerung und nicht als Kühlschrank nutze. Einige Hersteller verbauen einen Aktivkohlefilter, was hilfreich ist, denn auch der Weinklimaschrank sollte frei von Fremdgerüchen sein. Und wenn du planen solltest, ihn in dein Wohnzimmer zu stellen, achte darauf, dass UV-beständiges Glas und ein leiser Motor bzw. Kompressor verbaut wurden. Um sich abends schnell entscheiden zu können, welche Flasche dran glauben muss, sind ausziehbare Schubfächer ideal.

WEIN VERKOSTEN

Wenn ich mit meinen Freund:innen unterwegs bin und ich den Wein im Restaurant aussuchen soll, frag ich standardmäßig, ob es irgendwelche Abneigungen oder Vorlieben gibt. In 99 % der Fälle schaue ich in fragende Gesichter und erhalte als Antwort: »Lou, du machst das schon!« Beim Essen setzen wir uns permanent mit unserem Geschmack auseinander, warum nicht auch bei Wein? Zu wissen, was dir schmeckt und was nicht, hilft dir, eine Entscheidung im Restaurant oder im Weinladen zu treffen. Dafür musst du nicht einmal alle Rebsorten, Herkünfte und Winzer:innen beim Namen kennen, denn solange du weißt, was für dich funktioniert, gibt's da ja auch noch die Beratung. Entweder durch Weinverkäufer:innen oder Sommeliers und Sommelièren – oder durch eine Lou, die vor dir sitzt und einfach nur wissen will, was du magst und was nicht.

Wichtig ist auch, dass du den Wein immer mit deinen eigenen Worten beschreibst. Es bringt absolut gar nichts, mit Begriffen um sich zu werfen, von denen du in Wahrheit keinen Plan hast. Falls du es nicht magst, wenn ein Wein sehr sauer schmeckt, dann sag es deinem Gegenüber auch genau so. Wenn jemand seinen Beruf versteht, dann wird er deine Worte richtig interpretieren und dir entsprechend einen Wein empfehlen. Und wenn dich jemand auslacht, dann verlass ganz einfach den Laden.

Wenn wir Wein verkosten, geht es immer um den optischen Eindruck, den Geruch, den Geschmack und den Gesamteindruck. Im folgenden Part nehmen wir keine »Prüfung« ab. Aber ein Verkostungsschema, das du dir im Übrigen gestalten kannst, wie du möchtest, kann dir dabei helfen, deinen Weingeschmack zu finden. Damit wir mit dem Wein vernünftig arbeiten können, benötigen wir erst einmal ein Glas. Ich präferiere ein schlichtes Universal- oder ein standardisiertes Degustationsglas für alle Weinarten. Zur Verkostung reicht normalerweise ein Probierschluck aus. Ist der drin, geht's ans Eingemachte:

PLATZ FÜR DEINE NOTIZEN

1. OPTISCHER EINDRUCK

Das Aussehen eines Weins wird oft vernachlässigt. Dabei kann die genaue Begutachtung des optischen Erscheinungsbildes bei einer verdeckten Weinprobe (aka Blind- oder Halbblindprobe, siehe auch »Tipps für deine eigene Weinprobe«) bereits sehr viele Informationen über die Weinart, die Rebsorte und das Alter des Weins verraten. Am besten nimmst du dir einen weißen Untergrund wie z. B. ein Blatt Papier oder eine weiße Serviette zu Hilfe. Lege den weißen Untergrund vor dir auf den Tisch und halte das Weinglas leicht geneigt von dir weg darüber, sodass der Wein im Glas kippt. Betrachte den Farbverlauf des Weins von außen nach innen. Jugendliche Rotweine sind oft violett in der Farbe mit weißem Rand. Mit zunehmendem Alter nimmt die Farbintensität ab. Der Rand beginnt sich langsam orange-bräunlich einzufärben. Ein junger Weißwein hingegen ist je nach Rebsorte sehr hell, oft mit grünen oder leicht gelben Reflexen im Kern und wässrig-weißem Rand. Gereifte Weißweine werden in der Farbe intensiver, fast golden. Im Rand können sie mit zunehmendem Alter ebenfalls eine orange-bräunliche Färbung aufweisen. Neben der Farbe, die Aufschluss über die Weinart gibt, sind weitere Beobachtungen z. B. Trübungen, ein Depot oder das Vorhandensein von Kohlensäure wichtig.

2. GERUCH

Öffne ein wenig deinen Mund, steck deine Nase in das Glas und riech hinein. Erst nach dem ersten Geruchseindruck schwenkst du das Glas und riechst erneut rein. Hat sich bereits etwas verändert? Als Erstes wird immer geprüft, ob der Wein frei von Fehlern ist (siehe »Die 8 häufigsten Weinfehler«). Je nach Wein und Stilistik kann es mitunter etwas dauern, bis die Aromen des Weins zugänglich werden. Öffnet sich der Wein, mach dir grobe Stichpunkte, was ihn deiner Meinung nach besonders stark charakterisiert. Ist der Geruch zurückhaltend, präsent, ausdrucksvoll oder aufdringlich? Riecht der Wein fruchtig, blumig, vegetabil, also z. B. nach Gemüse oder Pflanzen, oder riecht er nach Holz oder sogar animalisch? Aromen können Aufschluss über die Rebsorte, die Herkunft, die Machart und über das Entwicklungsstadium des Weins geben. Aussagen wie »Was du da alles riechst! Ich rieche immer nur das Gleiche!« sind Ausreden. Aromen zu erkennen und zu benennen, ist reine Trainingssache. Wann hast du das letzte Mal bewusst an etwas gerochen? Sollte es dir zu Beginn dennoch schwerfallen, Aromen zu erkennen, besorg dir für Verkostungen ein Aromarad für Weiß- und Rotwein, das dir helfen kann, die Aromen im Wein bewusst wahrzunehmen und schneller zu erkennen. Außerdem kann es hilfreich sein, sich einen Überblick über die Profile von Rebsorten zu verschaffen (Lous Buchtipp: ›The Essential Guide to Wine‹ von Madeline Puckette). Was z. B. charakterisiert eigentlich einen Riesling? Wenn du deinen Wein schwenkst, bilden sich innen am Weinglasrand Schlieren. Die Art der Schlieren (aka Kirchenfenster, Tränen) sollten in Blindverkostungen ebenfalls berücksichtigt werden. Langsam herunterlaufende und dicke Schlieren sind kein Zeichen für eine besonders hohe Qualität des Weins, können aber Aufschluss über den Zucker- und/oder Alkoholgehalt des Weins geben (aka Marangoni-Effekt).

3. GESCHMACK

Nimm einen kleinen Schluck Wein und behalte ihn für einen Augenblick im Mund. Schiebe ihn einmal quer durch den Mundraum. Wenn du möchtest, kannst du durch geräuschloses Schlürfen dem Wein zusätzlich Sauerstoff zuführen. Jetzt schluckst du den Wein hinunter oder spuckst ihn in einen dafür vorgesehenen Kübel aus. Was ist im Mund passiert? Folgende Fragen kannst du dir jetzt selber stellen:

- Ist der Wein trocken, halbtrocken oder süß?
- Ist die Säure gut eingebunden oder empfindest du sie als störend?
- Ist das Tannin reif, das heißt, fühlt es sich gut strukturiert an und sorgt für ein wohliges Mundgefühl – oder empfindest du es als stark unreif, fast schon grün und bitter, unangenehm austrocknend und aggressiv?
- Ist der Alkohol gut eingebunden oder verursacht der Wein ein brennendes und heißes Gefühl? Würde dem Wein ein bisschen mehr oder weniger Alkohol besser stehen?
- Wie ist der Körper, also der Gesamteindruck des Weins? Handelt es sich um einen Wein von leichter, mittelkräftiger oder kräftiger Struktur?
- Wie ist der Abgang des Weins? Bleibt der Geschmack des Weins nach dem Herunterschlucken oder Ausspucken

lange erhalten oder verschwindet er bereits nach kurzer Zeit? Ist der Nachgeschmack angenehm oder unangenehm?

4. FAZIT

Um deinen Geschmack, deine Abneigungen und Vorlieben besser kennenzulernen, kannst du dir abschließend folgende Fragen stellen, die du am besten immer mit deinen eigenen Worten beantworten solltest:

- Ist das ein Wein, der mir Spaß macht?
- Was gefällt mir an dem Wein besonders gut?
- Was stört mich an dem Wein?
- Was wäre ich bereit, für diesen Wein zu zahlen?
- Würde ich mir den Wein wieder kaufen?

RIECHEN ODER SCHMECKEN?

90 % dessen, was du glaubst zu schmecken, sind in Wahrheit Aromen, und die sind nur riechbar, aber nicht schmeckbar. Mit unserer Zunge können wir lediglich sechs Geschmacksrichtungen wahrnehmen: süß, salzig, bitter, sauer, umami und fett. Der Rest passiert über unsere Nase. Das erklärt, warum wir bei einer verstopften Nase auch vermeintlich weniger »schmecken«! Dieses Phänomen nennen wir in der Sensorik auch »retronasale Wahrnehmung«. Verdeutlicht wurde uns das Prinzip während des Sensorikunterrichts in Geisenheim folgendermaßen: Wir sollten uns

die Nase fest zuhalten und einen Löffel mit einer Zimt- und Zuckermischung in den Mund nehmen. Das, was wir mit verschlossener Nase wahrgenommen haben, war lediglich Süße. Daraufhin sollten wir unsere Nase öffnen, woraufhin plötzlich das Zimtaroma in unseren Mund strömte. Merke: Ein Wein wird fast ausschließlich über das Aroma und somit über die Nase charakterisiert.

WAS BEEINFLUSST UNSEREN GESCHMACK?

Wie oft ich mir im Urlaub den Koffer mit Wein vollgeknallt habe, um dann zu Hause festzustellen, dass er mir im Urlaub irgendwie besser geschmeckt hat. Na, kommt dir dieses Szenario in etwa bekannt vor? Unser Geschmack ist nur eine Momentaufnahme und verändert sich, sofern wir ihn fordern, kontinuierlich weiter. Vor zehn Jahren beispielsweise habe ich eine ganz andere Stilistik bei Weinen präferiert als heute. Der Grund: Erfahrung. Würde ich heute immer noch das Gleiche trinken wie damals, würde meiner Meinung nach mit mir irgendwas nicht stimmen. Faktoren, die unser Geschmacksempfinden temporär oder dauerhaft verändern können, sind die folgenden:

- Erfahrungen
- Emotionen
- Vorlieben
- Abneigungen
- Erinnerungen
- Allgemeinbefinden

WAS IST EIGENTLICH EIN GUTER WEIN?

Um die Frage nach dem »guten« Wein zu beantworten, müssen wir gar nicht so tief in die Materie Wein einsteigen. Machen wir uns mal locker und projizieren die Fragestellung der Einfachheit halber auf ein anderes Produkt. Zum Beispiel auf ein Auto. Was ist ein gutes Auto?

Ähnlich wie viele Weine muss auch ein Auto verschiedene Tests über sich ergehen lassen, bevor es auf dem Markt zugelassen werden darf. Wenn das Auto einwandfrei funktioniert und fahrtüchtig ist, handelt es sich unabhängig von Preis, Marke und Aussehen um ein gutes Auto. Es ist qualitativ gemessen nicht schlecht, da es alle Tests bestanden hat und funktioniert. Ob man nun einen Kleinwagen, einen Mittelklassewagen oder einen Luxusschlitten kauft, hängt nicht mit der objektiv gemessenen Qualität zusammen – denn fahren tun sie ja alle –, sondern mit den eigenen Bedürfnissen und Erwartungen. Der eine fährt gerne schnell und möchte auf Schnickschnack nicht verzichten, die andere will einfach nur ein Auto haben, das im besten Fall vier Räder hat und sie von A nach B bringt.

Die Frage nach dem »guten« Wein ist demnach sehr einfach zu beantworten: Ein guter Wein ist ein Wein, der deine Erwartungen und Bedürfnisse erfüllt. Selbst wenn ein Wein alle Qualitätskontrollen bestanden hat und objektiv durch eine Prüfungskommission oder von Juror:innen in einem Weinwettbewerb als ein guter Wein eingestuft oder bewertet worden ist, heißt das noch lange nicht, dass du ihn als gut empfinden musst.

DIE 8 HÄUFIGSTEN WEINFEHLER

»Uh, der Wein hat einen kleinen Stinker!« Bitte, was hat der? Nagellackentferner, verfaulte Eier, Essig oder feuchter Keller – all das sind Fehlaromen (aka Weinfehler). Wein ist im besten Fall ein Naturprodukt und unterliegt dem ständigen Wandel – mal zum Positiven, mal zum Negativen. Es gibt Weinfehler, die genauso schnell verschwinden, wie sie aufgetaucht sind. Bei den meisten jedoch ist Hopfen und Malz verloren. Dennoch – jeder Mensch hat eine andere Toleranzschwelle gegenüber üblen Gerüchen. Was für den einen vollkommen in Ordnung ist, ist für den anderen kaum zu ertragen. Ob ein Weinfehler also gravierend ist oder nicht, muss schlussendlich jede:r für sich selbst entscheiden. Auch geht es nicht darum, dass du jetzt in jeder Weinverkostung sitzt und krampfhaft nach »Fehlern« suchst. Mäuseln, Brett, Böckser oder Ester sind beispielsweise »Weinfehler«, die von einigen Weintrinker:innen in Maßen toleriert werden. Aber jetzt lass uns mal ans Eingemachte gehen. Darf ich vorstellen? Die 8 häufigsten Weinfehler und woran du sie erkennst:

DER BÖCKSER

Der sogenannte Böckser ist auf schwefelhaltige Verbindungen im Wein zurückzuführen (Schwefelwasserstoff, H_2S). Der Wein riecht nach verfaulten Eiern. Ein Böckser kann während der Gärung und durch die Lagerung auf der Hefe entstehen. Durch die Behandlung mit Kupfersulfat (i. d. R. 0,001 bis 0,002 g/l) können Kellermeister:innen den Fehler in null Komma nichts beseitigen. Vermeiden lässt sich der Böckser auch durch eine gute Klärung der Moste. Je öfter der Wein aber behandelt wird, desto mehr wird er auch in Mitleidenschaft gezogen. Nicht selten sind Weine, die ganz jung einen kleinen Böckser hatten, ohne weiteren Eingriff der Kellermeister:innen im erwachsenen Stadium oft die besten und gehaltvollsten Weine – da nimmt man doch gerne mal einen kleines Stinkerli in Kauf. Insbesondere bei spontan vergorenen Weinen ist so ein leichter Böckser völlig normal und absolut kein Grund zur Panik – es soll ja sogar Leute geben, die da voll drauf stehen. #kinkywinedrinkers

GUT ZU WISSEN: Es gibt den guten Böckser (H_2S-Böckser), der mit etwas Luft im Glas, durch Karaffieren oder mit dem Alter verfliegt. Hier handelt es sich lediglich um Schwefelwasserstoff. Das ist wie ein Pups im Auto – wegatmen oder Fenster aufmachen. Und dann gibt es da noch den bösen Böckser (aka Mercaptan-Böckser), bei dem es sich um ein Gemisch aus Mercaptan und Thioalkoholen handelt. Ein Mercaptan-Böckser stinkt aufs Widerlichste, wird mit Luft nicht besser und ist ein ganz klarer Fehler. Das ist wie Scheiße am Schuh und macht einfach keinen Spaß …

BRETTANOMYCES

Vielleicht hast du schon mal gehört, dass jemand gesagt hat, dass ein Wein »Brett« hat. Oder auch sehr originell: »Bisschen Brett ist nett!« Damit meint man einen animalischen, mitunter stark an altes Leder oder Pferdeschweiß erinnernden Geruch. Dieser Weinfehler ist nicht nur riechbar, sondern kann auch zu einer fehlerhaften Farbwiedergabe und zu einer Trübung des Weins führen. In der Regel sind von diesem Weinfehler vornehmlich holzfassgelagerte Rotweine betroffen. Verantwortlich für den charakteristischen Geruch nach Pferdeschweiß ist eine bestimmte Gattung von Hefen, nämlich Brettanomyces (B. dekkera). Hat sich diese Hefegattung im Weingut einmal eingenistet, wird man sie leider nur schwer wieder los – im Grunde genommen hilft da nur, einen Molotowcocktail in den Keller zu werfen und die Türe hinter sich zuzuziehen. Nichtsdestotrotz wird dieser Ton von einigen Weintrinker:innen in Maßen toleriert, andere wiederum finden ihn auch ganz geil. Menschen halt …

ESSIGSTICH

Jeder Wein hat einen natürlichen Gehalt an Essigsäure. Wird der Normwert überschritten, entsteht der sogenannte Essigstich. Verantwortlich hierfür können beschädigtes Traubenmaterial, mangelnde Kellerhygiene, ein zu hoher pH-Wert oder zu niedrige Alkoholwerte sein. Auch ein unkontrollierter biologischer Säureabbau (aka BSA), zu niedrige Schwefelgaben, eine zu warme Gärführung, Lufteintritt während der Gärung oder die »Überlagerung« von Wein können einen Essigstich begünstigen. Weine mit einem gravierenden Essigstich riechen – wie der Name vermuten lässt – nach Essig und sind nicht mehr genießbar.

ESTERTON

Ein Ton, der häufiger vorkommt als gedacht, ist der Geruch nach Lösungsmitteln, Klebstoffen, Lacken und Nagellackentferner. Der Fachbegriff dafür ist der sogenannte Uhu-Ton oder auch Esterton. Er entsteht während der Gärung durch die Veresterung von Essigsäure und Ethylalkohol. Dabei entsteht Ethylacetat, das in geringen Mengen tatsächlich angenehm fruchtig riecht. Eskaliert die ganze Nummer aber, sorgt Ethylacetat für den charakteristischen und stechenden Geruch, der uns an Lösungsmittel & Co. erinnert. Die Verarbeitung von ungesundem Traubenmaterial in Kombination mit einer Spontangärung, eine Nährstoffunterversorgung, mangelnde Kellerhygiene oder zu geringe Schwefelgaben sind die häufigsten Ursachen für diesen Weinfehler. Weine mit diesem Ton werden in Weinproben auch gerne folgendermaßen beschrieben: »Uh, der Wein hat Flüchtige!« Oder: »Der Wein ist flüchtig!« Wird deshalb so beschrieben, weil Essigsäure, neben anderen im Wein vorkommenden Säuren, zu den »flüchtigen Säuren« gehört.

KORKTON

Einer der häufigsten Fehler im Wein ist der Korkton, auch Korkschmecker. Ein Wein, der korkt, riecht dumpf-muffig, nach nasser Pappe und unangenehm nach feuchtem, schimmeligem Keller. Die Aromen des Weins wirken wie maskiert. Insbesondere dann, wenn es sich um keinen eindeutigen Korkton, sondern um einen schleichenden Korkton handelt. Solltest du dir nicht sicher sein, ob der Wein nun korkt oder nicht, zieh unbedingt eine zweite Flasche vom selben Wein auf und verkoste die Weine im direkten Vergleich zueinander. Der Unterschied wird dich umhauen, zumindest geht es mir immer so. Wie oft denke ich mir: »Mit dem Wein stimmt doch etwas nicht, ich habe den anders in Erinnerung!« Neue Flasche und BOOM – ganz anderes Kaliber. Verantwortlich für den klassischen Korkschmecker ist im Übrigen eine Substanz namens Trichloranisol (aka TCA), die man unter anderem in Naturkorken findet. Verbindungen, die den gleichen Korkgeruch hervorrufen wie TCA, sind Bromverbindungen und Chlorphenole. Die Stoffe können als Bleichmittel und bei Reinigungsarbeiten eingesetzt werden. Kommt das Zeug in Verbindung mit Verpackungsmaterial wie z. B. Schraubverschlüssen, kann ebenfalls ein muffiger Ton entstehen. Ja, auch ein Wein mit Schraubverschluss kann demnach einen Korkton aufweisen.

GUT ZU WISSEN: Im Gegensatz zum Korkfehler, der einen deutlichen und unangenehmen Geruch und Geschmack verursacht, ist der »schleichende Kork« subtiler und schwerer zu identifizieren. Es handelt sich um undeutliche, stumpfe und manchmal etwas muffige Noten, die erst beim Vergleich mit einwandfreien Flaschen offenbart werden können. Erst neulich saß ich mit Willi, meinem liebsten Weinbuddy, in einem Gasthaus in Österreich. Vor uns eine Flasche Barbera d'Alba von Giuseppe Rinaldi. Für mich roch der Wein irgendwie schimmelig. Nicht krass, sondern ganz leicht, nämlich schleichend! Nachdem wir gefühlt eine halbe Ewigkeit diskutiert hatten, bat Willi den Sommelier, eine zweite Flasche zu öffnen. Wir haben ihm gesagt, dass wir glauben, dass der Wein irgendwie nicht richtig ist, wir uns aber selbstverständlich auch täuschen können und wir die zweite Flasche in jedem Fall übernehmen. Es war ein ganz anderer Wein! Die zweite Flasche hat gesungen wie Adele in der Royal Albert Hall in London. Der Wein wurde uns natürlich nicht berechnet. Du siehst, auch hier hilft es, ganz offen das Gespräch zu suchen. Was soll denn schon passieren?

MÄUSELN (AKA MOUSINESS, MOUSE)

Aufgrund modernster Kellertechniken galt die Weinkrankheit ursprünglich als ausgestorben, ist aber seit einigen Jahren wieder auf dem Vormarsch. Die Hauptverursacher für das Mäuseln sollen Milchsäure- und Essigsäurebakterien sowie Hefen der Gattung Brettanomyces sein, deren Bildung durch unsauberes Traubenmaterial, mangelnde Kellerhygiene, einen stark oxidativen Ausbau und geringe Schwefelgaben begünstigt wird. Weitere Faktoren können z.B. zu hohe pH-Werte, eine zu niedrige Säure, eine zu warme Lagerung oder eine zu lange Gärung sein. Du siehst, ganz einig ist sich die Wissenschaft nicht, obwohl die Weinkrankheit bereits seit Jahrzehnten bekannt ist. Auch bei uns in der Wine-Bubble sorgt das Thema oft für hitzige Diskussionen, da es individuelle Beobachtungen gibt, dass die »Maus« im Wein nach einiger Zeit im Glas oder der geöffneten Flasche wieder verschwunden ist – ähnlich wie der »gute« Böckser! Auch gibt es Artikel, in denen berichtet wird, dass auch Weine, die ausreichend geschwefelt wurden, ebenfalls von der Krankheit betroffen waren. Ein mäuselnder Wein ist übrigens nicht per se riechbar, sondern verströmt erst dann sein betörendes Aroma, wenn er mit unserer Mundschleimhaut in Kontakt kommt. Einige Kolleg:innen von mir reagieren auf den Fehler extremst empfindlich, andere wiederum nehmen ihn nicht einmal im Ansatz wahr. Charakteristisch für einen mäuselnden Wein ist der unangenehme bis widerliche Geschmack, der mich immer an ranzige Salami oder bereits gekochten und gärenden Basmatireis erinnert. Oft wird die Krankheit auch mit dem Geruch eines nicht ausgemisteten Vogelkäfigs oder mit Mäuse-Urin assoziiert – frag mich bitte nicht, wie Mäuse-Urin riecht, geschweige denn schmeckt. Mein Chef hat immer zu mir gesagt: »Glaub mir, Lou, wenn du einen stark mäuselnden Wein erwischst, dann merkst du das! Das ist, wie wenn dir ein Stück alte und im Kühlschrank vergessene Salami wieder vom Rachen in den Mund hochklettern will. Den Geschmack wirst du nicht mehr los, geschweige denn vergessen!«. Picture painted – dank mir später.

OXIDIERTER WEIN

Hast du auch schon einmal den Keller von Oma und Opa geleert und mit deiner Familie die alten »Schätze« nacheinander aufgezogen? Spätestens dann sollte dir der Geruch eines oxidierten Weins vertraut sein. Bei einem durchoxidierten Wein spricht man auch oft von »stark ausgeprägten Altersnoten«. Sie zeigen kaum noch Aromen und wirken wie tot. Vielleicht ist dir das auch schon mal bei einem Wein aufgefallen, den du zwar angebrochen, aber nicht geleert hast und der dann für Wochen irgendwo hübsch in der Küche rumstand, am besten noch da, wo die Sonne draufknallt – lecker! Oxidierter Rotwein riecht dabei oft nach eingekochtem Obst und wird braun-orange in der Farbe. Weißwein riecht alt, ranzig und verändert seine Farbe in Dunkelgelb oder Braun. Dieser Weinfehler tritt auf, wenn zu große Mengen an Sauerstoff mit dem Wein in Kontakt gekommen sind, z. B. bei einer zu langen Lagerung oder bei Weinen, bei denen z. B. die Verschlussart nicht richtig funktionierte und ein Eindringen von Sauerstoff ermöglichte. Durchoxidierte Weine sind kein Genuss mehr und sollten entsorgt werden.

UNTYPISCHER ALTERUNGSTON (AKA UTA)

Hat ein Wein UTA, handelt es sich um einen untypischen Alterungston im Wein. Dieser Weinfehler lässt sich sehr gut von dem des oxidierten Weins unterscheiden, weil UTA vermehrt bei jungen Weißweinen auftritt und nicht bei Weinen, die im Keller vergessen worden sind. Der Grund für einen untypischen Alterungston liegt im Weinberg. Eine starke Mangelversorgung der Rebe mit Nährstoffen und/oder starker Stress durch z. B. zu wenig Wasser und zu viel Hitze sorgen dafür, dass der Wein nach Mottenkugeln oder in extremen Fällen nach Erbrochenem riecht.

GUT ZU WISSEN: In der Welt des Weins unterscheiden wir zwischen Weinfehlern, Weinmängeln und Weinkrankheiten. Unter Weinfehlern versteht man abnorme Veränderungen in der Farbe, im Geruch oder Geschmack des Weins, und sie sind immer chemischer Natur, wie z. B. ein Korkton. Weinkrankheiten hingegen sind immer auf unerwünschte Tätigkeiten von Mikroorganismen, also z. B. von Pilzen oder Bakterien, zurückzuführen (z. B. Mäuseln). Und bei Mängeln geht es immer um ein »Zuviel« oder um ein »Zuwenig«. Bestes Beispiel: Alkohol.

TIPPS FÜR DEINE EIGENE WEINPROBE

Übung macht den Meister und auch die Meisterin! Eine selbst organisierte Weinprobe in den eigenen vier Wänden ist dafür bestens geeignet. Zu Beginn solltest du dir ein Thema für deine Weinprobe überlegen. Kaufe zum Beispiel sechs Weine derselben Rebsorte, aber aus verschiedenen Weinanbaugebieten Deutschlands – oder aus verschiedenen Weinanbauländern. Solche Vergleichsproben können sehr viel Freude bereiten, weil die Unterschiede sehr einfach zu erkennen und gleichermaßen faszinierend sind. Cool ist auch der Vergleich von Weinen aus der Neuen Welt und Weinen aus der Alten Welt. Besorge einen Chenin Blanc aus Südafrika und einen von der Loire, einen Syrah aus Australien und einen von der nördlichen Rhône oder einen Sauvignon Blanc aus Neuseeland, einen aus Österreich und einen aus Frankreich. Die Möglichkeiten, eine Weinprobe thematisch zu gestalten, sind endlos. Hast du das Thema festgelegt, ist es hilfreich, wenn du dich vorab ein bisschen über die Weinanbauländer, Weinanbaugebiete oder die Winzer:innen informierst.

In meinem Bekanntenkreis probieren wir die Weine fast immer blind. Normalerweise bringt immer jede:r eine Flasche mit. Die Weine werden dann nacheinander verkostet, und nur die Person, die den Wein auch mitgebracht hat, weiß, um was für einen Wein es sich handelt. Die anderen müssen versuchen, die Rebsorte und die Herkunft zu benennen. Einige schaffen es auch, das Weingut und den Wein zu bestimmen. Wenn dir das zu Beginn zu schwer ist, kannst du auch mit einer Halbblindprobe starten, bei der du ein Thema vorgibst. Beispiel: Riesling aus der ganzen Welt. Zu erraten gilt dann, aus welchem Weinanbauland und/oder Weinanbaugebiet der Wein stammt.

Damit die Weine zum Vergleich auch direkt nebeneinander verkostet werden können, solltest du pro Person zwei Weingläser und ein Wasserglas bereitstellen. Achte bitte darauf, dass du einheitliche Gläser verwendest, denn je mehr Gläser du benutzt, desto mehr unterschiedliche Eindrücke entstehen (siehe »Kleine Gläserkunde«). Außerdem benötigst du Bleistift und Papier, einen Spucknapf (siehe »Spucken«), in den ihr die Reste leeren könnt, und etwas Wasser. Tipps für die Reihenfolge: Schaumwein zu Beginn, Weißwein vor Rotwein, leichte Weine vor schweren Weinen und Süßwein zum Schluss.

5 TIPPS FÜR DIE KOMBINATION VON WEIN & SPEISEN

Ich mach es kurz: Den perfekten Wein zu jedem Gericht gibt es nicht. Es wird immer mal wieder eine Komposition von Zutaten auf deinem Teller landen, auf die dein ausgewählter Wein einfach keine Lust hat. Ganz entscheidend zu wissen ist, dass sich jeder Wein in der Kombination mit Speisen verändert – und dass es nicht nur auf die Hauptzutat ankommt, sondern insbesondere auf das ganze Drumherum. Kräuter, Gewürze, Saucen und Garstufen können einen stark dominierenden Effekt haben, auf den du bei der Auswahl des Weins unbedingt achten solltest. Ja, es klingt kompliziert und ist es mitunter auch – deshalb gibt es ja auch Menschen, die das hauptberuflich machen. Nichtdestotrotz gibt es sie, die einfachen Grundregeln, die fast immer funktionieren. Denn Wine & Food Pairings sollen bei dir nicht für Kopfschmerzen sorgen, sondern sie sollen Spaß machen und dir im besten Falle ein »Wow« entlocken. Darf ich vorstellen? Meine 5 Tipps für die Kombination von Wein & Speisen – für zu Hause und unterwegs:

SALZIGE SPEISEN

Zu salzigen Speisen wie Seafood, zu deftigen Klassikern wie einem knusprigen Backhendl oder so was Banalem wie Pommes frites passen meiner Meinung am besten Schaumweine. Erinnerst du dich noch an die Szene aus ›Pretty Woman‹? Richard Gere reicht Julia Roberts ein Glas Champagner und bietet ihr eine Erdbeere an. Auf ihre Frage, wozu die Erdbeere gut sei, antwortet er: »Die Erdbeere unterstützt den Geschmack des Champagners!« Wenn du mich fragst, ist Salz die neue Erdbeere. Das Salz der Speisen hebt den Geschmack der Schaumweine nämlich positiv in den Vordergrund. Der Schaumwein wiederum wirkt wie ein Zungenreiniger, hat also einen erfrischenden und erdenden Effekt (aka Palate Cleanser). Insbesondere dann, wenn es sich in der Kombination um salzige und leicht fettige Speisen handelt. Stichwort: Pommes frites! Wenn du kein Fan von Schaumwein bist – soll's ja geben –, dann würde ich darauf achten, einen Wein zu wählen, der die salzige Komponente der Speise widerspiegelt. Frei nach dem Motto: »Gleich und Gleich gesellt sich gern!« Weine, die sich durch einen salzigen Geschmack auszeichnen können, sind z. B. Manzanilla, Meursault oder ein knackiger Côteaux Champenois!

SCHARFE SPEISEN

Zu pikant-scharfen Speisen der vietnamesischen, taiwanesischen oder chinesischen Küche passen leichte, aromatisch-fruchtige Weine mit wenig Alkohol besonders gut. Das kann beispielsweise ein Riesling Kabinett in der Geschmacksrichtung feinherb oder ein restsüßer Gewürztraminer sein. Bei diesen Gerichten kommt es immer auf den Schärfegrad, selten auf die Zubereitung an. Faustregel: Je schärfer das Gericht ist, desto süßer darf auch der Wein sein. Mit ein Grund, warum exorbitant scharfe Currywurst so gut mit einer Trockenbeerenauslese funktioniert. Die Süße legt sich nämlich wie ein Feuerschutzmantel auf die Zunge, dämmt die Schärfe ein und untermalt die jeweilige Aromatik des Gerichts. Glaubst du mir nicht? Ja, dann ab mit dir zum Currywurststand – und vergiss die Trockenbeerenauslese nicht!

SAURE SPEISEN

Einige behaupten ja, dass zu säuerlichen Speisen am besten Weine passen, die in der Säure verhalten sind. Für mich funktionieren diese Kombination in den seltensten Fällen. Ein Wein mit wenig Säure würde da komplett untergehen, sich regelrecht unterbuttern lassen und infolgedessen flach und fad schmecken. Damit das Gesamtbild stimmt, sind für mich harmonisierende Komponenten beim Gericht in Form von Süße (z. B. Zucker), Stärke (z. B. Kartoffeln) oder Fett (z. B. tierisches Eiweiß) viel wichtiger. Wenn das Gericht es nicht hergibt, kannst du diese in der Säure puffernden Komponenten auch beim Wein suchen, z. B. in Form von Restsüße oder Schmelz, also durch einen kräftigeren Wein, der sich durch ein besonders cremiges und fülliges Mundgefühl auszeichnet.

REICHHALTIGE SPEISEN

Ist uns etwas zu fettig, verlangen wir nach Säure. Stichwort: Schnitzel und Zitrone, Pommes frites und Ketchup oder Köfte und frisch gepresster Limettensaft. Säure und, ja, auch Tannin – also Gerbstoff – im Wein können beim Verzehr von fettigen Speisen zwei herrliche Strukturgeber sein. Sie sind in der Lage, das Fett der Speisen zu harmonisieren. Krosser Schweinebauch und Riesling, Entrecôte und Bordeaux oder Burger und Sangiovese sowie Kabeljau und Chardonnay – um nur einige Beispiele zu nennen!

SÜSSE SPEISEN

Völlig egal ob Mousse au Chocolat, Crème brûlée oder Crêpe Suzette – trockene Rot- oder Weißweine funktionieren hier einfach nicht! Der Zucker verstärkt nämlich die Säure- und Tanninstruktur dieser Weine und führt zu einem unangenehm bitteren Geschmack. Der Wein sollte deshalb immer süßer sein als das Dessert! Beispiel gefällig? Kaiserschmarrn + Trockenbeerenauslese = bombastisch!

WHAT GROWS TOGETHER, GOES TOGETHER!

Solltest du dir trotzdem unsicher sein, wende einfach diesen schlauen Satz an: »What grows together, goes together!« Es gibt etliche regionale Gerichte, die auch nach genau dem Wein der Region verlangen. Das sind Kombinationen, die einfach immer funktionieren – Faszination pur! Dabei handelt es sich fast immer um traditionelle und klassische Gerichte, die bereits seit Jahrzehnten oder gar Jahrhunderten genauso zubereitet werden wie heute:

- Choucroute & Elsässer Riesling
- Wiener Schnitzel & Grüner Veltliner
- Bœuf Bourguignon & Pinot Noir
- Stilton & Port
- Ziegenkäse & Sancerre
- Seafood & Muscadet
- Maultaschen & Trollinger
- Käsefondue & Fendant
- Carne al Toro & Amontillado
- Braai & Cape Blend
- Backhendl & Welschriesling
- Marende & Vernatsch
- Salade Niçoise & Provenzalischer Rosé
- Pfälzer Teller & Riesling

LEBENSMITTEL, DIE KEINEN BOCK AUF WEIN HABEN

Selbstverständlich kommt es immer auf die Zubereitungsart an, und Ausnahmen bestätigen bekanntlich die Regel. Im Normalfall zwingen die aufgelisteten Lebensmittel aber fast jeden Wein in die Knie. Für gewöhnlich ist man hier also mit einem frisch gezapften Bier besser beraten. Ich sag nur Bratwurst, Senf und Hopfenkaltschale – das ist doch ohnehin die Killer-Combo schlecht hin:

- Artischocken
- rohe Tomaten
- Sauerkraut
- Spinat
- Rhabarber
- Matjes
- Meerrettich
- Senf
- Wasabi
- Milchprodukte, z. B. Joghurt
- Eiscreme

WEIN & KÄSE

Woher stammt die Aussage, dass zu Käse am besten Rotwein passt? Liegt es daran, dass wir uns die Französinnen und Franzosen grundsätzlich einfach immer mit Baguette, Käse und einer Pulle Rotwein vorm Eiffelturm sitzend vorstellen? Ja, nein oder – vielleicht doch! Die Aussage kommt ursprünglich aus einer Zeit, in der wir geduldiger waren und Rotwein erst nach ein paar Jahren der Lagerung, nachdem sich das Tannin im Wein harmonisieren konnte, mit Käse gepaart haben. Heutzutage – ich klinge bereits genauso vorwurfsvoll wie meine Oma – legen wir Weine ja nicht mehr weg. Das Zeug wird jung gesoffen. Oft sogar viel zu jung – aber das ist eine andere Baustelle (siehe »5 Tipps für die Lagerung von Wein«). Mit dem fordernden Gerbstoff, den einige junge und lagerfähige Rotweine mit sich bringen, würden sie volle Möhre mit den Inhaltsstoffen des Käses, nämlich Salz, Säure und Fett, kollidieren. Mit Weißwein lässt es sich da um ein Vielfaches besser flexen – erstens weil wenig Gerbstoff, zweitens weil manchmal sexy Frucht und drittens weil Säure. Auch Portweine und Sherrys sind im Käse-Game völlig unterschätzte, dafür aber ziemlich zuverlässige Buddys. Und wenn du dir einmal unsicher sein solltest, kannst du auch hier wieder folgenden Satz anwenden: »What grows together, goes together!« Bestes Beispiel und eine meiner absoluten Lieblingskombinationen ist Brillat-Savarin aus der Champagne und – genau, Champagner. Der Wahnsinn! Und wo wir gerade dabei sind, kannst du dir sofort noch einen Merksatz hinter die

Löffel schreiben: Je stinkiger der Käse, desto süßer darf auch der Wein sein. So, jetzt ist's aber genug. Einige meiner Best-of-Käse-Wein-Combos fürs Nachmachen zu Hause:

- Brillat-Savarin & Champagner, alternativ: Crémant
- Comté & Manzanilla, alternativ: Vin Jaune
- Blue Stilton & Ruby Port, alternativ: Vintage Port
- Gruyère & Pinot Noir, alternativ: Gamay
- Roquefort & Sauternes
- Gorgonzola & Moscato d'Asti
- Idiazábal & Tempranillo
- Selles-sur-Cher & Sancerre
- Pecorino & Sangiovese
- Raclette & Chasselas

GUT ZU WISSEN: Viel wichtiger aber, als ständig irgendwelchen Regeln zu folgen, ist es, auf seinen eigenen Geschmackssinn zu vertrauen. Denn im Grunde genommen wissen wir doch ganz genau, was zueinanderpasst und was nicht. Und wie heißt es doch immer so schön? Aus Erfahrung wird man klug. Also, einfach mal machen!

MEINE FAUSTREGELN AUF EINEN BLICK

- What grows together, goes together!
- Salzige Speisen & salzige Weine
- Süße Speisen & süße Weine
- Scharfe Speisen & süße Weine

- Reichhaltige Speisen & Weine mit einer kräftigen Tannin- und/oder Säurestruktur
- Leichte Speisen & leichte Weine
- Kräftige Speisen & kräftige Weine
- Gereifte Weine funktionieren in der Begleitung oft besser als junge Weine.

GUT ZU WISSEN: Leichte Weine immer vor kräftigen Weinen und trockene Weine immer vor süßen Weinen servieren!

TIPPS FÜR WEIN IM RESTAURANT

Ich will ganz ehrlich mit dir sein: Du wirst nicht drumherum kommen, dich zumindest ein bisschen mit der Stilistik gängiger Rebsorten, den wichtigsten Herkünften und einigen Winzer:innen zu beschäftigen, um Wein im Restaurant bestellen zu können. Wenn du das Restaurant oder die Weinbar nicht kennst, kann es ebenfalls hilfreich sein, wenn du die Weinkarte, sofern verfügbar, vorab begutachtest. Ich mach das ausnahmslos immer! Für mich gibt es nämlich nichts Schlimmeres als ein Restaurant mit fantastischer Küche, aber einer schrecklichen Weinkarte! Was soll ich denn dann den ganzen Abend machen? Noch schlimmer wird's, wenn du mit einer Gruppe weinaffiner und schwer durstiger Menschen unterwegs bist und ihr erst im Restaurant checkt, dass es nichts Gescheites zum Trinken gibt. Une grande catastrophe!

Was für den Weineinkauf gilt, das gilt auch für die Weinauswahl im Restaurant: Lass dich beraten! Eine Beratung in Anspruch zu nehmen, muss dir nicht im Geringsten unangenehm sein. Die Aufgabe eines Sommeliers oder einer Sommelière ist schließlich nicht, dich auszulachen, sondern dir bei der Weinauswahl zur Seite zu stehen und dir zu helfen, wenn du mal nicht weiterweißt. Außerdem ist niemandem damit geholfen, wenn du einen auf dicke Hose machst, in Wahrheit aber absolut keinen Plan hast. Am

Ende sind wir Gastronom:innen von deiner neunmalklugen Attitüde genervt, nicken lächelnd und tief atmend, obwohl wir längst gecheckt haben, dass die Nummer in die Hose geht – und im schlimmsten Fall verlässt du womöglich auch noch unzufrieden den Laden, weil du viel Geld für eine Flasche Wein bezahlt hast, der dir nicht geschmeckt hat. Aber du konntest ja nichts sagen, weil du dich dann selber reingeritten hättest.

Auch ist es wichtig, dass du dein Budget kommunizierst. Insbesondere dann, wenn die Weinkarte nach oben hin kein Limit kennt. Genauso wie beim Einkauf von Weinen muss dir das überhaupt nicht unangenehm sein. Im Gegenteil, es sorgt auf beiden Seiten für Klarheit. Vor einiger Zeit war ich in der Weinbar eines Kollegen und hatte richtig Lust auf ein Fläschchen Burgunder. Ich habe ihm gesagt, welche Stilistik ich gerne trinke und was die Flasche maximal kosten darf. Er hat sich gefreut, weil er einfach mal machen konnte, und ich habe mich gefreut, weil er mir einen Wein ausgesucht hat, von dem ich zwar schon öfter mal was gehört, den ich aber noch nie getrunken hatte. Und das ist doch auch genau das, was an Wein Spaß macht! Nicht immer das Gleiche zu trinken und nicht immer vorzugeben, alles zu kennen und zu wissen. Sich auch mal überraschen zu lassen, um Neues zu entdecken. Daher:

FRAGEN, DIE DU DIR VOR DER WEIN-BESTELLUNG ÜBERLEGEN SOLLTEST

GLAS ODER FLASCHE?

In den meisten Restaurants und Weinbars wird glasweise in 0,1 l ausgeschenkt und eine Flasche Wein hat normalerweise ein Fassungsvermögen von 0,75 l. Bist du mit mehr als vier Leuten unterwegs, kann es also durchaus sinnvoll sein, gleich eine Flasche zu bestellen. Die Auswahl im offenen Ausschank ist in der Regel immer etwas begrenzter als die Auswahl auf der Flaschenweinkarte. Wenn du einen Wein von der Flaschenweinkarte wählen möchtest, dir aber nicht sicher bist, ob ihr die Pulle vernichtet bekommt, dann frag ganz einfach, ob du den Rest mitnehmen darfst. Solltest du dich für eine Flasche entscheiden, empfiehlt es sich, den Namen des Winzers bzw. der Winzerin, den Jahrgang und gegebenenfalls die Weinbergslage auf Richtigkeit zu prüfen. Nicht weil dir irgendjemand etwas Böses will, sondern weil Missverständnisse in der Kommunikation menschlich sind.

ALS APERITIF, IN DER SPEISEBEGLEITUNG ODER EINFACH NUR SOLO?

Als Aperitif eignet sich nicht nur Schaumwein wie z. B. ein Glas Crémant oder Champagner, sondern auch ein Gläschen Fino oder Manzanilla. Aber auch leichte und dezent aromatische Weißweine wie z. B. Gelber Muskateller, Scheurebe oder Welschriesling können eine hervorragende

Wahl für den Start sein. Soll der Wein das Essen begleiten, würde ich immer die Beratung in Anspruch nehmen, weil der Sommelier bzw. die Sommelière die Stilrichtung der Küche am besten einzuschätzen weiß. Ist niemand vor Ort, der dir helfen kann, kannst du dich ganz einfach an meinen »5 Tipps für die Kombination von Wein & Speisen« orientieren – aber Achtung, das Drumherum nicht vergessen! Wenn du den Wein einfach nur solo – ob alleine oder mit Freund:innen – genießen möchtest, finde ich es hilfreich, sich selbst zu fragen, ob der Wein den Abend einfach unaufgeregt begleiten oder aber unterhalten soll. Unaufgeregte Weine sind meiner Meinung nach Weine, deren Stilistik man kennt, über die man zwar nachdenken kann, aber nicht muss. Weine, die unterhalten, sind große Weine – also Weine, die man sich nicht alle Tage gönnt – oder Weine aus unbekannten Ländern, Weinanbaugebieten oder Rebsorten, die man bis dato gar nicht auf dem Schirm gehabt hat.

FRAGEN, DIE DU DEM SOMMELIER/ DER SOMMELIÈRE STELLEN KANNST

- Mein Budget ist XY! Könnten Sie mir in dem Rahmen etwas Passendes empfehlen?
- Mein Budget ist XY! Ich trinke normalerweise gerne Z. Ich möchte aber heute gerne mal etwas Neues ausprobieren. Könnten Sie mir in dem Preisrahmen was empfehlen?

- Ich trinke gerne Weine aus der Region XY und würde gerne etwas stilistisch Vergleichbares probieren …
- Ich mag Rebsorte XY sehr gerne, haben Sie etwas Vergleichbares?
- Ich habe nicht so viel Ahnung von Wein, kann Ihnen aber sagen, was ich nicht so gerne mag und was ich gerne mag, würde Ihnen das helfen?
- Darf ich fragen, was Sie aktuell sehr gerne trinken?
- Gibt es einen Wein, der hier besonders beliebt ist?

GUT ZU WISSEN: Anders als oft angenommen ist der Probierschluck bei dem von dir gewählten Wein aus der Flaschenweinkarte nicht dazu gedacht, dass du checken kannst, ob dir der Wein schmeckt oder nicht. Der Probierschluck dient lediglich dazu, damit du prüfen kannst, ob der Wein fehlerfrei ist, er die richtige Temperatur hat und ob er gegebenenfalls karaffiert werden sollte. Ist der Wein nicht nach deinem Geschmack, liegt es im Ermessen des Gastronomen bzw. der Gastronomin, ob er oder sie die Flasche Wein aus Gründen der Kulanz zurücknimmt oder nicht. Wenn meine Gäste früher mit ihrer eigenen Auswahl richtig danebengelegen haben oder ich ihren Geschmack mit meiner Beratung absolut nicht getroffen habe, dann habe ich die Flasche immer zurückgenommen – allein schon aus dem Grund, weil ich keinen Bock darauf hatte, mir den ganzen Abend lange Gesichter anzuschauen. Ich würde jetzt einfach mal behaupten, dass das jede:r in der Gastro so handhabt. Und trotzdem, weil ich auch dieses Szenario etliche Male erlebt habe: Der Probierschluck ist nicht für deine private Degustation da!

TIPPS FÜR DEN WEINEINKAUF

Die Frage nach Tipps für den Weineinkauf ist eine der meistgestellten in meiner Community. Meine Antwort ist fast immer die gleiche, nämlich dass ich per Ferndiagnose unmöglich eine Flasche Wein empfehlen kann, ohne die persönlichen Präferenzen zu kennen. Deshalb ist mein erster Tipp auch stets der, dass du dir einmal Gedanken darüber machst, was du bei Wein eigentlich magst und was du bei Wein nicht magst. Mein zweiter Tipp ist, dass du zu Beginn deiner Weinreise in einem selbstständig geführten Weinfachhandel einkaufen gehst, in dem dir im Zweifelsfall geholfen werden kann. Jeder Weinfachhandel ist normalerweise auf ein oder mehrere Weinanbaugebiete spezialisiert. Sofern du auf italienische Tropfen stehst, macht es keinen Sinn, ein Fachgeschäft aufzusuchen, das ausschließlich Weine aus Deutschland verkauft. Auch hier hilft es also, sich im Vorfeld zu informieren.

Ist der Moment gekommen und du stehst völlig lost im Laden, dann nimm die Beratung der Verkäufer:innen in Anspruch. Ein guter Weinfachhandel möchte dich immer zufriedenstellen. Schließlich will man ja, dass du wiederkommst. Damit beide Seiten schnell an ihr Ziel kommen, den passenden Tropfen für dich zu finden, solltest du die zwei folgenden Dinge unbedingt ansprechen:

BUDGET

Kommuniziere dein Budget! Beim Bäcker fragst du ja auch, wie viel das Dinkelvollkornroggenschrot mit Chiasamen kostet. Warum nicht beim Wein? Ein Budget zu kommunizieren, muss dir überhaupt nicht peinlich sein. Im Gegenteil! Es schafft Transparenz, und dein Gegenüber weiß, in welche Richtung es gehen soll.

VORLIEBEN & ABNEIGUNGEN

Sag dem Verkäufer oder der Verkäuferin, was du sonst gerne trinkst. Du kannst z. B. die Rebsorte, das Weinanbaugebiet oder den Namen der Winzer:innen nennen. Wenn du Namen und Rebsorten einfach immer vergisst, dann mach künftig ganz einfach ein Foto von der Flasche und speichere es unter deinen Favoriten ab. Oft ist es auch hilfreich zu erwähnen, was du bei Wein überhaupt nicht magst.

GUT ZU WISSEN: Manchmal aber, da ist man unterwegs und findet einfach keinen vernünftigen Weinfachhandel. In diesem Fall lohnt es sich, einmal nach selbstständig geführten Lebensmitteleinzelhändlern Ausschau zu halten. Insbesondere auf dem Land nehmen einige Supermärkte das Prinzip des Vollsortimenters ziemlich ernst und überzeugen durch eine sehr gut sortierte Weinabteilung. Während meiner Zeit im Vertrieb habe ich oft über die Auswahl an qualitativ hochwertigen Weinen gestaunt. Einen selbstständigen Supermarkt erkennst du normalerweise immer am Zusatz beim Namen, also z. B. EDEKA Klein oder REWE Stockhausen oder eben Sabines Einkaufsparadies. Einige dieser Supermärkte haben sogar einen ausgebildeten

Sommelier oder eine Sommelière unter ihren Fittichen, sodass du die gleichen Dinge ansprechen kannst wie bei deinem Fachhandel »umme Ecke«.

Sollte eine Beratung mal nicht drin sein, helfen einfache Gadgets wie dein Smartphone – zieh dir die Informationen über den Wein im Regal einfach im Netz und verwende zusätzlich Apps wie z. B. Vinous, Delectable, Vivino, Hello Vino oder Preferabli. Weitere Dinge, auf die ich achten würde, sind die folgenden:

PUNKTE & AUSZEICHNUNGEN

Egal ob Punkte von Falstaff, Robert Parker oder Wine Spectator – einen Wein aufgrund der Bepunktung zu kaufen macht nur Sinn, wenn dir der Rahmen bzw. die Kriterien der Verkostung, innerhalb derer die Weine bewertet wurden, bekannt sind. Außerdem solltest du dir darüber im Klaren sein, dass alle Weinkritiker:innen trotz objektiver Qualitätseinschätzung einen persönlichen Geschmack haben bzw. eine bestimmte Stilistik präferieren. Einige Verkoster:innen von Robert Parker sind z. B. dafür bekannt, Weine besonders gut zu bewerten, die breitschultrig und konzentriert sind. Wenn das eine Stilistik ist, die dich anspricht: go for it! Ich persönlich habe noch nie auf Punkte geachtet.

WINZER:INNEN & JAHRGANG

Wenn mir der Großteil der angebotenen Weine nichts sagt – ja, das passiert auch mir –, dann greife ich für gewöhnlich zu den Winzer:innen, die ich bereits kenne. Handelt es sich um Weine im Einstiegsbereich, also um Weine für jeden Tag, die nicht für die längere Lagerung, sondern für den baldigen Konsum konzipiert sind, achte ich zudem darauf, dass die Weine nicht älter als drei Jahre sind. Werden z. B. Ortsweine von vor fünf Jahren angeboten, ist das im Grunde die Übersetzung für »Ladenhüter«.

CHAOTISCHE VERKAUFSFLÄCHE & SCHAUFENSTER

Die Finger solltest du außerdem von Weinen lassen, die nicht ausreichend vor Tageslicht geschützt sind, z. B. Weine aus dem Schaufester. Knallt die Sonne unermüdlich auf die Flaschen, kann das den Wein nachhaltig schädigen. Stichwort: licht- und hitzegeschädigter Wein. Wenn die Weinregale unaufgeräumt sind oder der ganze Laden schmuddelig aussieht und die Weinflaschen womöglich auch noch angestaubt sind, würde ich dir ebenfalls empfehlen, den Rückwärtsgang einzulegen.

BUNTE ETIKETTEN & AUSFÜHRLICHE BESCHREIBUNGEN

Es lässt sich eigentlich nicht verallgemeinern, aber oft handelt es sich bei Flaschen mit bunten Etiketten sowie extreeeeemst ausführlichen Weinbeschreibungen auf dem Rückenetikett der Weinflasche um standardisierte Weinabfüllungen für große Betriebe – was nicht zwangsläufig schlecht sein muss. Wenn es dir aber wichtig ist zu wissen, woher der Wein stammt, dann würde ich bei deutschen Weinetiketten auf den Zusatz »Erzeugerabfüllung« oder »Gutsabfüllung« achten. Steht eine dieser Bezeichnungen auf dem Etikett, handelt es sich um einen Wein, bei dem die

Trauben nicht zugekauft werden dürfen, sondern zumindest von weingutseigenen Rebflächen stammen müssen.

GUT ZU WISSEN: Wenn Weine verdächtig günstig oder als Sonderangebot deklariert sind, dann bring auf jeden Fall den Grund dafür in Erfahrung. Manchmal aber, da hat man auch einfach nur Glück. Vergangenes Frühjahr war ich in Andalusien unterwegs und habe in einem Weinshop einen Champagner von einem sehr guten Produzenten zu einem unverschämt günstigen Preis entdeckt. Da ich die Preise für den Champagner auf dem deutschen Markt im Kopf hatte, war ich natürlich sofort getriggert. Was für Carrie Bradshaw ein Paar Manolo Blahniks im Sale sind, das waren in meinem Fall ein Karton Ulysse Collin und zehn weitere Flaschen Sherry. Für derlei Eskapaden musste ich schon etliche Male einen zusätzlichen Koffer aufgeben. Völlig haltlos! Wenn du die Preise nicht kennst, du aber einen guten Deal witterst, informiere dich ganz einfach im Internet.

PLATZ FÜR DEINE NOTIZEN

In Interviews schieße ich die Frage immer gerne zurück: Was darf Fashion kosten? Warum kostet eine Birkin Bag bis zu 100 000 Euro? Lohnt es sich, so viel Geld für eine Handtasche auszugeben?

Wie bei jedem anderen Produkt setzt sich auch der Verkaufspreis für Wein aus vielen Komponenten zusammen. Es fängt bei der Produktion an, geht mit den Material- und Personalkosten weiter und hört irgendwo bei Marketing- und Vertriebskosten auf. Weitere Faktoren, die den Preis beeinflussen können, sind der Bekanntheitsgrad des Weinguts oder der Marke sowie Angebot und Nachfrage. Wenn die ganze Welt Château Pétrus saufen will, es aber nur Menge x gibt, dann ist es vollkommen logisch, dass der Preis bis ins Unermessliche steigt. In dem Bereich sprechen wir preislich dann auch nicht mehr von einer objektiven Einschätzung der Qualität – es geht um die Befriedigung von Luxusbedürfnissen. Und da Luxusbedürfnisse rein subjektiv sind, fällt der Wunsch nach der Art der luxuriösen Güter bei jedem Menschen anders aus. Ob sich diese Weine lohnen? Der Preis eines Weins, auch wenn viele genau das Gegenteil annehmen, verläuft in den seltensten Fällen linear zur Qualität. Wenn mir jemand einen Schluck aus seiner 20 000-Euro-Flasche anbietet, dann bedanke ich mich für den Kostschluck, halte die Klappe und denke mir meinen Teil. Eine ehrliche Einschätzung will in diesem Moment einfach keiner hören. Das Einzige, was zu hören gewünscht wird, sind klatschende Hände. Abschließend sei gesagt, dass du dich von den ganzen Bildchen und Videos auf Instagram, TikTok & Co. nicht übermäßig beeindrucken oder gar einschüchtern lassen solltest. Du musst viel verkosten, um diese Weine ins Verhältnis setzen zu können, das ist richtig. Richtig ist aber auch, dass du dir immer deine eigene Meinung bilden darfst und solltest. Einen Wein in der Flasche schon vor dem Öffnen zu feiern oder zu verurteilen, weil der Ruf des Etiketts dem ersten Schluck vorauseilt, ist nicht cool.

EMPFEHLENSWERTE WEINHÄNDLER:INNEN

Wo ich meinen Wein einkaufe, kann ich pauschal gar nicht beantworten, weil es immer darauf ankommt, wonach ich gerade suche. Es gibt aber einige Weinhandlungen, bei denen ich regelmäßig zur Wiederholungstäterin werde:

- Weinfurore – für Deutschland & Österreich
- Lobenbergs Gute Weine – der Vollsortimenter im Weinhandel
- Wein am Limit – immer für eine Überraschung gut
- Unger Weine – für gereifte Weine
- Champagne Characters & everChamp – für Champagner
- Viniculture – für Naturwein & alles andere
- Weinhalle – abseits des Mainstreams
- Pinard de Picard – feine Auswahl

- Capeweine – für Südafrika
- Ravenborg – für Spanien
- Weine Wuttke – für Frankreich

GUT ZU WISSEN: Fast alle dieser Händler:innen haben auch ein Geschäft vor Ort und beraten dich auf Wunsch telefonisch. Check auf jeden Fall auch mal die angebotenen Probierpakete aus. Immer das Gleiche zu trinken, ist schließlich langweilig! Und es bringt dich auf deiner Weinreise auch nicht weiter.

WEIN ALS BERUF

Egal ob Vollzeit, berufsbegleitend oder einfach nur so – in der Welt des Weins gibt es etliche Möglichkeiten der Aus- und Weiterbildung. Auch gibt es kein Richtig oder Falsch. Wichtig ist nur, dass du dir im Vorfeld darüber Gedanken machst, wo du am Ende des Tages mit dem Erlernten hinwillst. Möchtest du in die Produktion, in die Gastronomie, in den Verkauf oder vielleicht doch in die Forschung? Zudem würde ich bei der Wahl der Ausbildung darauf achten, dass diese auch international anerkannt ist. Der nackte Titel »Sommelier/Sommelière« zum Beispiel ist nicht geschützt, und im Grunde genommen kann sich den demnach jeder Knallkopp aufs Namensschildchen schreiben.

Der IHK-geprüfte Sommelier bzw. die geprüfte Sommelière hingegen ist geschützt. Hier wird's aber wiederum spannend, jemandem im Ausland zu erklären, was denn eigentlich »IHK« bedeutet. Mir geht's hier im Übrigen gerade nicht darum, irgendeine Ausbildung in ihrer Daseinsberechtigung zu schmälern. Du solltest dir halt nur im Klaren darüber sein, dass diese Ausbildungen nicht nur viel Geld kosten, sondern auch das Lernen für die Prüfungen harte Arbeit ist. Und es wäre wirklich schade, wenn du vorhaben solltest, ins Ausland zu gehen, deine Ausbildung dort aber nicht anerkannt ist. Eine der besten Optionen – egal ob hobbymäßig, berufsbegleitend oder Vollzeit – ist meiner

Meinung nach das Ausbildungssystem vom Wine & Spirit Education Trust (WSET). Das Programm ist in Stufen aufgebaut, du kannst also Level für Level belegen. Zudem ist es auf der ganzen Welt anerkannt. Das ist besonders cool, wenn du keine Lust auf Deutschland hast und Level 2 lieber in Italien oder in San Francisco absolvieren möchtest – überall gibt es zertifizierte Standorte. Dabei sollte ich vielleicht auch erwähnen, dass der WSET ebenso wie das bekannte Institute of Masters of Wine mehr auf den Handel als auf die Gastronomie ausgelegt sind. Wenn du klassisch in der Gastronomie bleiben möchtest, solltest du unbedingt einen Blick auf die Kurse des Court of Master Sommeliers werfen.

Viel wichtiger aber als der Handel und die Gastronomie ist meiner Meinung nach die Produktion. Denn ohne Weinbau kein Wein. Außerdem finde ich es spooky, wenn mir Leute neunmalklug irgendwas über Wein erzählen, aber noch nie eine Rebschere in der Hand gehalten haben, geschweige denn wissen, wie ein Rebstock aussieht. Du musst ja nicht gleich eine Ausbildung zum Winzer bzw. zur Winzerin absolvieren, aber im Weinberg und Keller solltest du zumindest mal gestanden haben. Allein schon, um ein Gefühl für dieses Handwerk und Wertschätzung für das Produkt zu bekommen.

Wenn ich morgen noch einmal von Neuem starten müsste, würde ich tatsächlich alles wieder genauso machen. Ich bereue keinen einzigen meiner eingeschlagenen Schritte. Ich bin jetzt seit exakt 12 Jahren in der Weinbranche. Gelernt habe ich in der Gastronomie bei Mama und

Papa. Nach dem Fachabitur habe ich in der Pfalz und im Rheingau im Weinberg und im Keller gearbeitet, und mit 19 habe ich angefangen, in Geisenheim zu studieren. Fast zeitgleich ging es mit dem WSET los.

Ehrlich gesagt liebe ich alle drei Seiten: das Handwerk, den Verkauf und die Gastronomie. Es gibt für mich kein schöneres Gefühl, als in heißen Sommermonaten spätestens um 6:00 Uhr morgens im Weinberg zu stehen und abends müde und herrlich erschöpft ins Bett zu fallen. Gleichzeitig gibt es doch einfach nichts Herzerwärmenderes, als sich auf irgendeiner SalesRep Tour in New York City beim Klinkenputzen von einem grantigen Weinshop-Besitzer mit den Worten »Get the fuck outta here with your fucking German wines!« anschreien zu lassen. Und ja, auch die Arbeit in der Gastronomie, die Arbeit mit meinen Gästen habe ich geliebt, und ich vermisse sie regelmäßig – einmal Wirtshauskind, immer Wirtshauskind. Schlussendlich machst du sowieso überall nur den Führerschein. Das Fahren lernst du erst später, und wo die Reise hingeht, entscheidest allein du selbst. Einige Aus- und Weiterbildungsmöglichkeiten sind:

- Ausbildung zum Winzer / zur Winzerin
- Ausbildung staatlich geprüfte:r Weinbautechniker:in
- Studium Önologie und Weinbau
- Studium Internationale Weinwirtschaft
- Ausbildung zum IHK-geprüften Sommelier / zur IHK-geprüften Sommelière
- Weinseminare, z. B. beim International Wine Institute

- Aus- und Weiterbildung beim Wine & Spirit Education Trust (WSET)
- Ausbildung am The Institute of Masters of Wine
- Aus- und Weiterbildung beim Court of Master Sommeliers

WEINBÜCHER, WEINFILME & PODCASTS

Ach, was wäre mein Leben bloß ohne Bücher über Wein? Selbstverständlich lässt sich mittlerweile alles in die Suchmaschine kloppen, aber ehrlich gesagt steht im Netz auch ganz schön viel Schrott. Wenn du dich ernsthaft mit dem Thema Wein beschäftigen möchtest, wirst du um gute Fachliteratur nicht herumkommen. England hat mit Abstand einen der diversesten und aufregendsten Weinmärkte der Welt. Mein Ex-Chef hat immer zu mir gesagt, dass, wenn ich etwas über das Burgund oder Bordeaux lernen wolle, ich nach London gehen solle. Hier tummeln sich die Weinhandelshäuser, Weinjournalist:innen und etliche Wine Schools. Völlig egal ob Wine & Spirit Education Trust (WSET), Court of Master Sommeliers oder The Institute of Masters of Wine – alle habe sie ihren Hauptsitz im Vereinigten Königreich. Warum ich dir das alles erzähle? Ein Großteil der wirklich guten und aktuellen Bücher ist ausschließlich in englischer Sprache verfügbar – leider!

Bevor ich 50 bis 100 Euronen für ein Buch hinblättere, achte ich immer darauf, dass das Buch nicht älter als zwei Jahre ist. Die Welt des Weins hat zwar viel Beständiges zu bieten, die Erkenntnisse der Forschung und der Weinmarkt jedoch verändern sich rasend schnell. Um sich weiterzubilden, helfen aber nicht nur Bücher, sondern insbesondere auch Zeitschriften, Podcasts und ja – auch Filme über Wein. Da ich ständig nach Empfehlungen zu dem gerade Aufgezählten gebeten werde, gibt's für dich nachstehend eine kleine Liste zum Abarbeiten. Alles, was mit einem Stern markiert ist, eignet sich besonders gut, wenn du gerade erst angefangen hast, dich mit Wein zu beschäftigen.

MEINE LIEBLINGSBÜCHER ÜBER WEIN

- Grundkurs Wein: Alles, was man über Wein wissen sollte von Jens Priewe*
- Der große Weinatlas von Hugh Johnson und Jancis Robinson*
- The Oxford Companion to Wine von Jancis Robinson
- Champagne: The essential guide to the wines, producers, and terroirs of the iconic region von Peter Liem
- Champagne von Gerhard Eichelmann*
- The Complete Bordeaux: The Wines, the Chateaux, the People von Stephen Brook
- Wine Grapes von Jancis Robinson
- The Wines of Burgundy von Clive Coates
- Der Winzer 1: Der Weinbau von Edgar Müller
- Lexikon der Önologie von Ludwig Jakob
- Wine Folly: The Essential Guide to Wine von Madeline Puckette und Justin Hammack*
- Sensorik für Praktiker und Genießer von Martin Darting

- Terroir: Wetter – Klima – Boden von Dieter Hoppmann, Klaus Schaller und Manfred Stoll
- Sekt – Schaumwein – Perlwein von Otto H. Rhein, Hans Peter Bach und Gerhard Troost
- Technologie des Weines von Jochen Hamatschek
- Mikrobiologie des Weins von Helmut H. Dittrich und Manfred Großmann
- The Wines of Greece von Konstantinos Lazarakis
- Madeira von Alex Liddell

FACHZEITSCHRIFTEN

- Meiningers Weinwelt*
- Meiningers Sommelier
- Vinum*
- Decanter
- Wine Spectator
- Wine Enthusiast

PODCASTS

- Wine Blast*
- Wine for normal people*
- I'll drink to that!
- Originalverkorkt
- Terroir & Adiletten
- Cheers! Der Weinpodcast mit Lou (Achtung: Eigenwerbung!)*

WEINFILME

- Bottle Shock*
- Sideways*
- Mondovino – Die Welt des Weines
- A Good Year
- SOMM
- Terroir – Eine genussvolle Reise in die Welt des Weins*
- Sour Grapes
- Uncorked*
- Wine Country
- A Year in Champagne
- Winzerlegenden
- Der Wein und der Wind

WEBSEITEN, YOUTUBE & INSTAGRAM

- wein.plus
- Wine Folly
- Konstantin Baum
- Bring Flavor Home (Achtung: Eigenwerbung!)*

DANK

An meine treue Community. Ohne euch hätte ich dieses Buch nie geschrieben. Danke für euer Interesse, eure Leidenschaft, euren Rückhalt und Zuspruch, wenn mal wieder die nächste »Hate-Welle« von irgendeinem Hans-Dieter-Klaus anrollt, und dafür, dass ihr mich jeden Tag erneut mit Fragen löchert. Ich habe es schon einmal gesagt und ich sage es noch mal: Ihr seid der Wahnsinn!

An Willi, dass du mich immer unterstützt, ermutigst und an mir konstruktive Kritik übst. Danke dafür, dass wir dieselbe Leidenschaft teilen. Danke für deine Liebe.

An meinen Bruder Jan, für deinen schlauen Geist; dafür, dass du immer ein Ohr für mich hast und alles stehen und liegen lässt, wenn bei mir mal wieder irgendetwas anfängt zu brennen.

An meine lebensfrohe und starke Mama. Du hast mich so vieles gelehrt, für das ich heute unfassbar dankbar bin. Ohne dich und deine motivierenden Worte wüsste ich nicht, was ich heute machen würde. Es gab und gibt nichts, was wir nicht gemeinsam schaffen können. Wir sind ein starkes Team, wir zwei.

An meinen Papa. Du hast mich immer wieder auf den richtigen Weg gebracht mit deiner nordisch-noblen und besonnenen Art, mich ermutigt, mir zugeredet, immer an mich geglaubt, mir deine Schulter zum Ausheulen geliehen, und du hättest mich nie im Regen stehen gelassen. Ich hätte mir keinen besseren und liebevolleren Vater wünschen können. Du fehlst mir, und es gibt keinen Tag, an dem ich nicht an dich denke – mal mit einem lachenden, oft mit einem weinenden Auge.

An meine Großfamilie Efferoth. Ich wüsste nicht, was ich ohne euch machen würde. Alle komplett verrückt, alle verschieden, alle füreinander da. Immer. Ohne Wenn und Aber. Ich liebe euch.

An Matteo, Nadine und Mona für unsere langjährigen Freundschaften, für euren Rückhalt und eure Unterstützung in jeglicher Hinsicht.

An meine Ausbildungsbetriebe, allen voran Weingut Dr. Loosen und Alois Lageder sowie das gesamte Team der Hochschule Geisenheim University.

An meine Power-Lektorin Melli, ohne die einfach nichts geht. #melliregelt

An den gesamten dtv Verlag für euer blindes Vertrauen in mich und meine Arbeit.

An Siggi, dass du während ich dieses Buch schrieb schnarchend auf meinen Füßen gelegen und mich zum Spazierengehen gezwungen hast.

PLATZ FÜR DEINE NOTIZEN